Iswaydaarsi

7

Maxamed Ibraahin Warsame "Hadraawi"

Maxamed Ibraahin Warsame "Hadraawi"

The man and the poet

Translations by
W. N. Herbert, Said Jama Hussein, Mohamed Hassan Alto,
Martin Orwin and Ahmed I. Yussuf

Introduction by
Rashiid Sheekh Abdillaahi Xaaji "Axamed" (Gadhwayne)

Edited by
Jama Musse Jama

2013

PONTE INVISIBILE
REDSEA-ONLINE.COM

REDSEA-ONLINE.COM Culture Foundation
Fidiyaha Aqoonta iyo Ereyga Dhigan - Xarunta dhexe
Daarta Oriental Hotel - Hargeysa, Somaliland
telephone: 00 252 2 525109 | 00 252 2 4099088
email: bookshop@redsea-online.com

Ponte Invisibile
Inquiries to the editor
Jama Musse Jama
Via Pietro Giordani 4, 56123 Pisa, Italy
www.ponteinvisibile.com
email: editor@redsea-online.com | editor@ponteinvisibile.com

Published by Ponte Invisibile (redsea-online) and The Poetry Translation Center, 2013, Pisa
I

Poems © Maxamed Ibraahin Warsame "Hadraawi" 2013
Translations from the Somali © Mohamed Hasan Alto, Said Jama and Ahmed I Yusuf
Translations from the English © W. N. Herbert and Martin Orwin.
Cover Photo © Kawani?/Paul Munene

First Edition 2013

Copyright © 2013 Ponte Invisibile Edizioni
A REDSEA-ONLINE Publishing Group Company.
ISBN 88-88934-36-5 | EAN 9788888934365

Copyright © 2013 Kayd Somali Arts and Culture

Copyright © 2013 The Poetry Translation Centre Ltd
ISBN 978-0-9575511-1-4

PRINTED AND BOUND IN ITALY.

www.kayd.org | www.poetrytranslation.org | www.redsea-online.com/books

Suggested classification for the librarians
Maxamed Ibraahin Warsame "Hadraawi": the man and the poet.
pp. 136 cm. 140x210
Includes Index and bilingual English-Somali poems.
ISBN 88-88934-36-3 EAN 9788888934363 ISBN 978-0-9575511-1-4
I. Maxamed Ibraahin Warsame "Hadraawi" II. The man and the poet III. Contributions by W. N. Herbert, Said Jama, Maxamed Hassan "Alto", Martin Orwin, Rashiid Sheekh Abdillaahi, Sarah Maguire . Edited by Jama Musse Jama / IV. Biography / Literature / Poetry / Translations.

CONTENTS

FOREWORD

This publication is the starting point of an ambitious project which Kayd Somali Art and Redsea Culture Foundation intend to undertake in order to document the life and poetry of one of the greatest living Somali poets and thinkers, Maxamed Ibraahin Warsame "Hadraawi". The project is coordinated by Ayan Mahamoud Mahamed, director of Kayd, and substantially engages other poets, authors, translators, historians, as well as prominent organizations like the UK Poetry Translation Centre. This volume is incorporated as the sixth into the "Iswaydaarsi" (Exchange) series, published by Redsea Culture Foundation, which aspires to translate Somali literature and culture into other languages, and at the same time provide specific knowledge of international classical literature to the Somali speaking readership. Here Hadraawi's contribution is of immense significance. The universal principle of justice and freedom and the deep human impressions that run through his poems are mainly what win Hadraawi the huge admiration of the Somali people and the merit of international recognition. Translating Hadraawi among the 'Exchange Series' is, therefore, at once a great honour and exhilarating for as Martin Orwin says in his contribution to this volume, it is the "striking use of language, imagery, and metaphor which is at the heart of Hadraawi's poetry and makes him one of the world's major living poets."

For the accomplishment of the current phase of our project, we had the privilege to work with a professional team of translators led by the British poet W N Herbert, and including the authors Said Jama Hussein, Mahamed Ali Hassan "Alto" and Rashid Sheikh Abdillahi Ahmed "Gadhweyne". We are also extremely thankful to all the contributors to this volume who, with their limited time, yet so considerately managed to write about Hadraawi, thus making the introduction of this anthology possible.

Finally, this publication would not have been possible without the financial and moral support of Prince Claus Fund, and also Dahabshiil and the Art Council England, two major regular supporters of our cultural events of Hargeysa International Book Fair and Somali Week Festival held annually in Hargeysa and London respectively.

JMJ

HADRAAWI: THE POET AND THE MAN

Editor's note

Mohamed Ibrahim Warsame 'Hadraawi', arguably the most popular living Somali poet, was born in 1943, towards the end of the Second World War, into a nomadic, camel-herding family living in the harsh environment of the district of Burao in Somaliland. The formidable environment of his homeland seems, from his earliest childhood, to have nurtured a resilient character. In 1955, he was sent to the then famous city seaport of Aden, in the south-west of the Arabian Peninsula, to be taken under the care of his uncle Niibsane. Attending his Koranic *madrassa* in Aden, he soon developed the habit of seizing the opportunity made available by his teacher's short absences when he would gather his classmates around him, entertaining them with his recitations of traditional Somali folk tales which he had amassed in his childhood, sometimes with the addition of his own stories for extra flavour. His Koranic teacher, discovering this tendency to regale his class given the opportunity, nicknamed him 'Hadraawi', the big talker! By then he had already shown the first signs of the great poet he would become. After finishing his secondary education at St. Anthony High School in 1967, he left for Somalia and joined the Lafole Teachers' Education College, near Mogadishu. From that time on, the poetic animal in him found a solid footing.

His first play, *Hadimo*, staged at the National Theatre in Mogadishu in 1968, was an eye catcher. It was mainly for entertainment; but the combination of excellent acting – Hadraawi himself taking part – and brilliant songs, secured him wide popularity. Thereafter, it didn't take long before his name was rightly placed among the established masters of the

Somali art like Ali Sugulle, Hassan Sheikh Mumin, Ahmed Suleiman Bidde , Mohamoud Ismail Qassim and others. Enthused by such sudden success, driven by youthful spirit, and with the added boost of having secured a place in Lafole Teachers' Education College, he quickly rose to eminence as the unchallenged king of the Somali love song with the release of a succession of much adored masterpieces. including *Suleykha, Cajabey, Beledweyn, Axaddii, Jacayl Dhiig Ma Lagu Qoray, Amal, Hud-hud,* and others.

Unfortunately, the honeymoon was not to last. The seizure of power by the Somali military from the civilian government and the concomitant curtailment of civil liberties, and most particularly freedom of expression, ushered in a very different set of conditions for the Somali people. Hadraawi's poetic engagements were consequently fated to take a major shift as much of the country slipped, under autocratic rule, towards doom and darkness. His mysterious song poem *Hal La Qalay Raqdeedaa* and his engagement with other colleagues in producing the controversial play *Aqoon Iyo Afgarad,* which in its turn heralded the famous Siinley chain of poems in combat in the early 70s, alerted the sensitive junta to the rise of a dissident voice and Hadraawi was jailed in 1973 for anti-revolutionary activities.

By then a well known artist, a respected teacher, and an amicable social personality, many a scholar, politician and business person was alarmed by Hadraawi's imprisonment without trial. A number of leading figures took the matter of his release up with General Siad Barre; to which the General consented only on condition that Hadraawi would make a written request for a pardon and pledge to refrain from any further counter revolutionary activities in the future. A demand, of course, which Hadraawi dismissed outright as outrageous, thus continuing his internment in Qansaxdheere for the next 5 years until 1978.

After his release in April that year, he was given the post of director in the Academy of Arts and Social Sciences; but he soon became disgruntled by the way the affairs of the country were running and threw his lot in with the patriotic group who initiated the famous *Deelley* chain of poems. His poem *Daalacan*, the second in this series, is amongst the most critical of the regime's irremediable nature. But still not content with that, he practically fled Somalia and joined the opposition forces of the Somali National Movement (SNM) in Ethiopia. There it was that he unleashed his passionate, patriotic libertarian poems in the eighties of the last century during the heated struggle against the obnoxious military regime. Fiery poems like *Daallaley, Waxyi, Sirta Nolosha, Gol Janno, Isa Sudhan, Dallaalimo,* and *Gugude* are among those still fresh in the people's minds and the lessons they bore are still as valid as ever.

Hadraawi left for the United Kingdom in 1993, where he lived for five years. In that period, most of his friends asked Hadraawi to seek asylum and settle in the UK but he declined. It was during this period that a marked shift in his views had been observed. He increasingly drifted towards conservative Somali traditional norms and got highly steeped in Islamic religious principles. Hadraawi produced *Dabo Huwan* which is based around an ancient word to describe 'life'. The work he has since produced while in London offers many insights to his beliefs, which are clearly influenced by his Somali nomadic heritage and his faith.

In 2001, Hadraawi moved to Somaliland, returning to an area close to that in which he spent his childhood, where he lives with his wife and lectures at the University of Burco.

In 2004, Hadraawi single-handedly undertook the legendary mission which came to be known as the "Hadraawi Peace March". He embarked on an extensive tour, through many of the war-ravaged towns and cities of Somalia, from the northeast right down to the south, appealing for peace and to show his solidarity with those suffering. He was joined on his march by hundreds of others as he travelled despite the perils on the way. Admittedly, Hadraawi had no illusion that restoring peace by such efforts would be simple; but his main intent, as he unequivocally put it, was to show his hapless people how much he cared about their welfare and that he had not forgotten them in those hard and trying times. In that regard, his message was not in vain.

To Hadraawi the lofty principles of justice and human rights always remain indivisible and absolutely universal in essence. This is most pronouncedly evidenced from his untiring campaign against the plight suffered by the Gabooye group; and one of his latest poems *Dhulgariir*, dedicated to this important issue, highlights the ill-treatment Somali society of this stigmatized group.

Hadraawi's distinguished rank as the leading icon of contemporary living Somali poets has arisen for many reasons. Significantly, his literary production is prolific, having composed more than 200 short and epic poems over the past 40 years, all of irresistible appeal to the Somali masses since they truly reflect the nation's struggle, its present predicament and future aspirations. In addition to all this, the themes his poems deal with are so multifarious that they range from beautiful and popular love songs to burning socio-political issues of national importance. In a nutshell, one can safely say all of Hadraawi's poems are characterised by such laudable features as tenderness of feelings, a strong passion for justice, an excellent command of the language, a masterful utilisation of legendary folk tales, a keenness for preserving Somali cultural heritage, an ability to vividly depict a vast range of artistic and literary images. No better illustrations of these facts can be made, according to Hadraawi's personal affirmation than citing "Dabahuwan" his longest and most forceful depiction of his philosophical world outlook since the ignominious exit of the military dictatorship in 1991.

No matter how much one might agree or disagree with Hadraawi's political stand and ideological bearing – and indeed there must be many who find cause to do dispute one or other point – the truth remains that no one else has ever captured so much respect and consideration from so many Somalis as Hadraawi has for his humanity or for the lofty moral values of love, hope, purity, refinement, nobility, and the sincere impressions that run through all of his works.

TRANSLATING HADRAAWI

W. N. Herbert

It has been both a great privilege and an exciting challenge to work on these translations of the pre-eminent Somali poet of our time, Mohamed Ibrahin Warsame 'Hadraawi'. I have been enormously helped in this by the exemplary, generous support and insight of Said Jama Hussein and Mohamed Hassan 'Alto', as well as the tireless organisational skills of Ayan Mahamoud. Alto's painstaking preliminary translations, Said's uniquely expert insight into the social and personal background to these poems, and the readiness of both to engage in the exhaustive close readings of the Somali text I needed, have made an impossible task possible. On top of this, we have always had the reassuring presence of the foremost Hadraawi expert, Rashid Shiekh Abdillaahi Haji Ahmed "Gadhwayne", to consult on any point, and to give his consent to the finished versions.

It's difficult, I think, for a Western reader of poetry to understand the singular role Hadraawi plays in Somali culture. From his early love songs, through his political poetry to his later, more spiritual writings, he has always been popular, loved and venerated in a way without parallel in the West.

More of his work is known by heart by more of his audience than almost any comparable figure I can think of in Western European poetry. He is treated with respect bordering on awe and genuine affection wherever he performs, and for good reason. A single purity and intensity of vision binds all the periods of his work together: he is always looking for the highest possible good in people, political institutions, and indeed himself.

When I met him at the Somali Festival in London last year to discuss the poems we would select for this book, he impressed upon me the complex nature of his role: to represent the Somali people while expressing himself, to appeal to our better natures without ignoring our weaknesses, to make Somali poetry open to world culture without losing what is unique about it. In this he struck me as both humble and unflinching: someone had to occupy this role, and since it happened to be him, he was perfectly clear in his mind how to go about it.

So the selection of poems was similarly straightforward: we needed to represent the range of his work, including songs and politically engaged pieces, and centring on the long masterpiece 'Sirta Nolosha (Life's Essence)'. In this poem in particular, the full sweep of Hadraawi's vision is most apparent: it moves from a war poem to a disquisition on manners to a moral exhortation - to enact compassion in the broadest sense - to a devastating dismissal of political corruption and venality. How it holds all this together over 550 lines alliterating on a single sound goes to the heart of Hadraawi's virtuosic genius.

'Sirta Nolosha' is above all a response to immediate chaos and trauma: its keen morality, its anti-war or ecological sentiments, its appeals to the people to reject tyranny, are all governed by this sense of surrounding disorder and imminent catastrophe, and the conviction that the only counter to it must be to establish in ourselves a sense of what we are responsible for. Individual morals, the behaviour of groups or sections of society, the integrity of governments, are all manifestations of this crisis of responsibility.

That this is a message of continual and increasing relevance to us all hardly needs stating, but I was struck again and again while translating Hadraawi's righteous satires by the sense of parallels with my own government and the institutions of power and aggression it supports.

Allied to this moral questing is a subtle music of alliteration, verbal parallelism, refrain and anaphora. It is an exhilarating activity to go through this poetry line by line, teasing out how that music conjures the meaning, the imagery and the tone. No poet has been translated at all until the particular dance between these elements has been understood, and a way of conveying them has been discovered. That not every element can be represented in exactly the way it is present in the original is one of translation's regretful truths, but, with the close attention to detail of my co-translators, I have tried to carry something across of Hadraawi's complex and yet marvellously direct genius.

The alliteration is not as intensely rendered as in the original, though its effects are everywhere; the rhythms cannot be as mesmerising and still allow me to be faithful to the meaning. Hadraawi's touchstone imagery of rural Somali life has had to be teased out a little more to be explicable to a culture which has largely lost contact with its own arcadian rhythms. But somewhere between these losses a greater gain has been attempted: to somehow represent the integrity of imagination, the intellectual and spiritual depth, and the magisterial range of one of the great poets of our time.

SOME THOUGHTS ON *JACAYL DHIIG MA LAGU QORAY* IN COMPARISON WITH *BELEDWEYNE*

Martin Orwin

Along with the translation of *Has Blood been Blood-written* by Hadraawi, I wish to present a brief consideration of some aspects of the differing presentations of the nature of love in two of his famous poems from the 1970s: *Beledweyne* and *Jacayl Dhiig ma lagu Qoray* (Has Love Been Blood-written). The story behind the latter poem is well known: in the early 1970s the famous Somali singer Xaliimo Khaliif Magool gave a concert in the Sudanese capital Khartoum at which a local man fell in love with her and sent a letter written in his own blood. This act prompted Hadraawi to think on the nature of love itself and the outcome was the poem which was popularized by being sung by Magool herself. *Beledweyne* on the other hand is a conventional love poem in which the poet meets a woman in the town of that name, describes her beauty and that of the context in which they meet and then expresses grief at not being able to meet her again because he has to leave with the travelling theatre troupe he is part of[1]. It was famously sung by Xasan Aadan Samatar. The two different perspectives on love are manifest in quite striking ways in the two poems whilst at the same time they share certain formal characteristics.

Of the formal characteristics, both poems are made in the *jiifto* metre, a short line in which one word needs to be alliterative and which is the most commonly used pattern for modern *hees*.

---

1 As is well known, some of the early love poems of Hadraawi were political allegories but Beledweyne does not fall into this category.

Beledweyne alliterates in 'b' and *Jacayl Dhiig Ma Lagu Qoray* in 'dh', sounds which reflect the key words in the titles of both poems (in Somali *dhiig* is the word for 'blood'). Another stylistic characteristic which is not quite so apparent is the presence in both of what might be discerned as an introductory section at the beginning and a concluding section at the end (in Somali *arar* and *geboggebo* respectively) framing the main part of the poem. With regard to syntactic usage we see the use of syntactic parallelism in both and interestingly in both it is the use of questions which figures here. In *Beledweyne* we find a series of negative questions where in *Jacayl Dhiig Ma Lagu Qoray* it is a series of positive questions.

It is in the presentation of time, place and the characters in the poems however that we see the striking and imaginative ways in which the poems differ in the way they present their respective topics. At the heart of *Jacayl Dhiig Ma Lagu Qoray* is a tension between a worldly manner of interaction between the man and the woman and a fantastical and unworldly manner. The two characters are not described physically but their emotional reactions are presented in a powerful way and thus they come across almost as allegorical figures. In *Beledweyne* on the other hand the woman is described in detail, albeit somewhat hyperbolically, and we have a sense of the other people in the story of the poem: the companions from the theatre troupe and the driver for example. In a similar manner the town of Beledweyne is described with the plants and produce and the bridge over the river, but in *Jacayl Dhiig Ma Lagu Qoray* the landscape is not presented in such detail with references to early morning mist and the lack of sound and less visual images being prevalent; it is not a specific place but just somewhere in the countryside. Time is another feature which contrasts starkly between the two poems. In *Jacayl Dhiig Ma Lagu Qoray*, the time stream is confusing to the listener / reader since we have the passage of one day and one night and simultaneously the passage of 10 days, a year and a thousand nights. There is a sense in which what Hadraawi is getting at in the poem is something which at once is part of daily life, but also reaches beyond that. In *Beledweyne* on the other hand, the poem deals with two days, one in which the poet meets the woman and the other on which he leaves the town; indeed we even learn the time of day and the day of the month on which they meet. There is no play with this, it is time as lived from one day to the next.

In *Jacayl Dhiig Ma Lagu Qoray* there is a suspension of the accepted parts of a love poem, there is no reference to the beauty of the beloved, the countryside scene is not presented as a metaphor for the feelings aroused in either of the people concerned in the poem. What is more the two people are never in any way specified themselves, they are a man and a woman who are 'born for success / two of equal standing' with no description or sense of their age or where they are from. They are almost abstract, allowing the situation in which they find themselves to take centre stage and be built up as the prime concern of the poem as expressed ultimately in the termite mound. It is interesting to note in this respect that every finite verb which concerns these two is always in the plural, there is no reference to any action which they do not share.

Jacayl Dhiig Ma Lagu Qoray is a fine example of Hadraawi's poetry and we see many of the details fit together to produce a whole poetic artefact which is quite striking in the way it presents its message. It is this striking use of language, imagery and metaphor which is at the heart of Hadraawi's poetry and makes him one of the world's major living poets.

BEAUTIFUL AND INDOMITABLE: THE POETRY OF MAXAMED IBRAAHIN WARSAME "HADRAAWI"

Sarah Maguire

Let these few lines be as striking
as the stripes on an oryx,
as visible and as lovely –
I simply place them in plain view.

These lines, taken from one of Maxamed Ibraahin Warsame Hadraawi's most famous poems, 'Clarity' ('*Daalacan*', translated by W N Herbert and Said Jama Hussein), perfectly summarise his achievements as a poet. His work, richly endowed with metaphors and imagery drawn from the natural world around him, has the absolute confidence of simplicity – something that, paradoxically, is always the most difficult thing to accomplish. His poems are indeed as 'striking' as that indelible image of 'the stripes on an oryx', as countless Somalis, for whom he is the most revered of living poets, will testify.

Placed in 'plain view' during decades of despair when his country was repeatedly torn apart by shocking conflict, for Somalis Hadraawi's poetry has been both 'visible' and 'lovely': a vital reminder that something precious and beautiful of their culture not only persists but is indestructible. Poetry is of overwhelming importance to Somalis. Its lines, in some cases passed down though oral transmission over generations, not only convey their history and traditions (a vital tool in a culture whose written language only first became formalised in 1972) but contain the wellspring of their very identity: Somalis are indeed 'a nation of poets', as Sir Richard Burton noted in 1854 when he first visited the country.

Hadraawi's poems have achieved a special level of visibility through his supple and potent interventions in political debate. 'Clarity' is a supreme example of this. Written at a time of appalling bloodshed and political upheaval when the dictator, Siad Barre, still held sway, 'Clarity' was Hadraawi's contribution to the chain of poems, *'Deellay'*, begun by the late (and deeply mourned) Maxamed Xaashi Dhamac 'Gaarriye', that were inaugurated as a riposte to the 'baleful malaria' of tribalism and the endemic corruption of Barre's misrule. Even to English-speakers with no direct knowledge of the suffering that inspired this remarkable poem, the cumulative effect of its blistering clarity of purpose and the absolute certainty of its moral stance, articulated through a series of images – each of which is as vivid as the stripes on an oryx – is uniquely powerful.

And uniquely lovely. Somali poems have designs on their audience. The best are taut verbal arguments charged with changing your mind. The worst are tired diatribes that reiterate clichés, however unassailable the position they promulgate. Hadraawi's freshness of vision is expressed through his delight in metaphor – and its mastery: a seemingly endless stream of exactly perfect images propels his poems and embeds them in memory. In an age of affliction, cruelty and waste, Hadraawi's peerless poems are as enduringly beautiful as they are indomitable.

When, with Arts Council support, I founded The Poetry Translation Centre (PTC) in 2004, one of my chief priorities was to translate Somali poetry into English to the highest literary standard in order both to introduce this outstanding inheritance to English-speaking lovers of poetry and to forge indelible links with Somalis living in the UK to make them feel that both they and their poetry are welcomed here.

Ifeel enormously honoured that we have been able to contribute to this most vital of translation projects by co-publishing the first substantial selection of Hadraawi's poems in English. We have been blessed with a group of exceptional translators, each one worthy of the task: Maxamed Xasan 'Alto' and Said Jama

Hussein are not only both steeped in Somali poetry and in possession of hard-won personal experience of the depredations that Hadraawi's poems so eloquently address, but their formidable grasp of English makes them uniquely able to bring his work alive in a foreign tongue. British poet, W N Herbert, gifted translator of Maxamed Xaashi Dhamac 'Gaarriye', has submerged himself in Somali poetry; his commitment to Hadraawi and to Somali culture is humbling and he has worked tirelessly to make Hadraawi as eloquent in English as he is in his native language. I am profoundly grateful, bursting with pride and in awe of all they have achieved. As (in their translation) Hadraawi, most fittingly, says,

> *History will display*
> *in the nation's records*
> *the inevitable outcome*
> *of the role that I play.*

PEOMS

SOCIETY (*BULSHO*)

Translated by W. N. Herbert, Said Jama
and Mohamed Hasan "Alto"

This poem takes after the form and much admired poetic genre "Baarcadde". It was composed by Hadraawi in the mid eighties of the past century.; at a time the poet had been able to discern the dark shadows engulfing the Somali State riddled with maladministration and consequently imminent doom and gloom the whole nation was likely to be exposed.   An ominous prediction which had come true.

Wise council: you're unobtainable!
Blame: you breed without bounds!
Greed: you are unbridled!
Brave horse: you're hamstrung here!
Brute force: you bare your brainless face!
Sea of disorder: your full volume,
your ebb and flow and breadth -
could I scoop you in this cup?
Your vastness and your breakers -
are you emptied with a beaker?
But let me set this beginning aside.

The conch shell hot with bewailing,
its bray causing sudden shock
bringing the people together at once -
who does the fan blast with chaff?
Who has had the fear put into them?
Who is setting the traps in Xargaga,
the hunting pits of the Cannibal Queen?

Here comes Bullaale, threatening death
to provoke Bahdoon, walking slowly
with a branch of dogbane;
the fig tree is laid between them to mark
a peaceful zone - but he dodges by
so there's no escape.
In the open they find each other
and their bows are busy with arrows
aimed at the body's bullseye.
The oryx has to watch them brawl
and where is there any sanctuary,
where is there salvation?

Calamity is capable of wonders:
it blows everything out of proportion:
the man causing it bloats with pride -
and you call this normal?

My people: there is such a thing as society!
To the one who says you have no choice,
reply, 'You have no clue!'
Don't listen to his braying,
don't give him the time of day!

The one who promised you much
and ducked the responsibility you gave him,
turned aside from your goals,
robbed you when you were poor,
belittled your beggarliness;
while you lacked even the basics,
this one, craving all comforts,
sported the thick skin of the lion,
wore hubris like a mane,
jumped up into the sky
boasting about his superiority -
he can't stay up the mountain forever

nor can he delay his death-day:
his fall will break both shinbone and thigh.

Rage at how contrary this has run;
say that it shall be recorded well.

You, the people, chose me:
you made your bed in my soul,
wrapped yourselves in my conviction,
used my heart as your pillow.
It's you who make my lips move:
my fear at your fortunes,
my care at your conditions,
this is what matures me -
when someone defrauds you,
when you cry out for help,
a keen longing awakens my senses
and I begin to recite verse.

You, the people, chose me:
you granted me good fortune,
loaded me with luck:
if my brazenness burns like an iron
you bestowed that charisma on me;
you ordered me: be purposeful,
compelled me to battle for you.
If disasters hadn't befallen you,
your best interests not been betrayed,
if your homeland hadn't burned,
justice not been discarded,
the worth of schooling not belittled
being reduced to slogans,
would I be so at one with you?

If the fattest ram and the young lambs
had not been slaughtered for him,

the one who has devoured your house and home,
if more had not been bestowed on him
while the poor increased in number,
if a scant hundred had not risen to the top;
land which formerly had farms
not been put through hardship,
its crops and vegetation razed;
people who once were prosperous
had watered milk poured out for them
their wealth exchanged for pauper-hood;
if aid's grain had not been bickered over,
nor eaten with water in place of ghee;
if the man brought low with poverty
did not have to say, 'We are content!'
be obliged to lie for his life,
would I be so at one with you?

If shame and wrath were not visited on you
at the breaking of each dawn;
if you were not promised better news
would always be here tomorrow
and your needs were never met today;
if the dance of desire, Baar-caddaa
and its refrain 'Baloolliyo Badowyallay'
was not balm for your soul;
if clannishness had not been brushed down
and trotted out yet again;
if your banding together,
your sharing and solidarity,
had not been bludgeoned apart,
your home not burgled, and the sick
in their beds not loathed
and left to heal themselves
would I be so at one with you?

If the young were not butchered,
the blade not stained with blood;
the one who takes care of you at the end
not breakfast for the vultures;
the brave one who seeks to save you
not dragged down by wild beasts;
if those whose safety should be sanctioned
were not riddled with bullets,
the wolves racing each other to reach them;
if those who should be grieving
were not forced to rejoice -
and this show of joy worn as a charm;
if whoever remained alive had not
fallen under the rule of the gun,
becoming thick-skinned to pain,
would I be so at one with you?

If the land had not been scorched
by neglect and lack of water;
if Benadir, once bountiful, was not
now looked upon with pity;
if at dawn the refugees did not
flee in waves, great numbers
making for the holy sites;
if petrol was not fetishised;
if even the country girls
who used to wear fine poplin
were not abused now in Bahrain;
if the country had not gone
a thousand times begging
to the Arab kings, to the feathered emirs
would I be so at one with you?

If the Eastern bloc had not abandoned us,
the West not lured us to perdition;

had we not become a weeping boil
to our neighbouring nations;
even the fabled white-winged crows
seeking a bolt-hole to avoid
our lost folk, scattered across the globe;
if it was not said to our wounded
and our injured, 'You deserve it!'
would I be so at one with you?

THE KILLING OF THE SHE-CAMEL (*HAL LA QALAY*)

Translated by W. N. Herbert, Said Jama
and Mohamed Hasan "Alto"

This poem came to light in 1972. It was one of the songs in the play called *'Wadnahaan far ku hayaa'*. It became so popular that it eventually overshadowed the meaningful points in the play itself. One of the striking singularities of this poem is that it is can be employed to interpret a number of entirely different situations. No wonder, it was the first poem the Somali military rule at the time had picked against Hadraawi and for which he was imprisoned for five years in Qansaxdheere. It bespeaks of Hadraawi's genius in arts.

How they came rushing to that place
where the carcass of the she-camel lay,
and what a commotion there was
as each caught at her flesh
pair by pair clawed off their share
frying it in the glare of the sun
and cramming down dry
its crisp skin, crunching the bones.
You'd bare your teeth too to see
their scattered followers come
still cramped with greed, ravenous
at seeing the smoke ascend
from the colossal mountain's top,
scrambling up cliffs and ravines.

The snake sneaks in the castle:
although it's carpeted with thorns
still the coward casts off his curses
so the courageous must stretch out his neck;

the cob stallion sells his values
in order to cut a fine figure.
When such cockiness struts forth
and even laughter becomes a crime
our country has unfinished business.

When the aardvark tells the lion
how it's supposed to hunt
and orders it, 'Go catch
the young camel and the oryx';
then carves five times its share
setting this aside
while granting for the lion's role
glands and offal,
commanding it, 'Don't quibble,'
the lion can't cave in
and doesn't hide its hurt
but now and then remembering
the loss of its prestige
it bites its lip in bitterness.

The snake sneaks in the castle:
although it's carpeted with thorns
still the coward casts off his curses
so the courageous must stretch out his neck;
the cob stallion sells his values
in order to cut a fine figure.
When such cockiness struts forth
and even laughter becomes a crime
our country has unfinished business.

Never will I ever accept
a single insulting slice
from those grasping commissars -
I won't share a thing with them.
Until the grave's prepared

to forego its three yard shroud
or a collar round the neck,
since one at least is needed
to cover the naked dead,
I'll keep rallying and calling
until the Day of Judgement,
pray my cries can comfort the dead:
tie me to this task, and don't
release me from its harness.

The snake sneaks in the castle:
although it's carpeted with thorns
still the coward casts off his curses
so the courageous must stretch out his neck;
the cob stallion sells his values
in order to cut a fine figure.
When such cockiness struts forth
and even laughter becomes a crime
our country has unfinished business.

CLARITY (*DAALACAN*)

Translated by W. N. Herbert and Said Jama

Composed between 1979/80, was the second in the famous serial chain
of poems called *Deelley*, initiated by the late Maxamed Xaashi Dhamac
(Gaarriye). It starkly explains how the political regime manipulated
tribalism for its on selfish ends. It also forewarned about the disaster
that lay ahead should things continue unabated along that perilous path.

I've still not admitted defeat,
nor have I withdrawn:
that high inspiration,
that talent I was endowed with,
has not been discarded.
Its milk-camel's capacity to fill
the dairy pail is undiminished –
apart from my deliberate delay,
there is no difference in me.
So I have a few points to make
to deal with the spreaders of doubt.

When men dedicate to the struggle
and determine to fulfill their duty;
when they ready themselves for the charge,
amass the finest thoroughbreds;
when the reins are on the racers,
I never step aside.

Gaarriye, in this arena
where the chess game unfolds –
well worth the watching, promising play –
the innocent delight in alliterative war,

our Deelley with its two sides,
where tactic is met by counter-tactic –
and here's where I put my piece.

These first points are just the outline
to the real issue, the whole shape of which
this poem will address.

When our debate gets heated
loopholes come to light:
that damage done by exploiting
the bitterness of tribes, the anguish of clans,
which opens gaping wounds,
divisions between the people.
When the hyenas descend
upon shallow graves
and the shunned bodies of the dead,
that rotten meat nothing else would touch,
and pull out the pulp from their bellies,
the flux and the phlegm,
and scatter it all around,
the people are dumbstruck,
the fresh air is defiled,
miasma fills every nostril.
Then I am that prediction
of clouds still to come
bringing a downpour
that will cover the whole country.

Now a strange disease of vision
has been seen, and similar sicknesses
have ravaged and ranged:
not fatal like a cholera,
their futile attempts
are more like the common cold.
Nonetheless, those with virtue,

who detest discrimination,
those who defend this country –
who value knowledge,
the pen and the ink, those who delivered
this Deelley into the light –
will track them down
and silence their tapping drum.
The clarion bell we carry will strike,
destroying them like lightning,
those huggers of tribalism,
grubbers in money, who are everywhere
lusting to turn back
all hopeful development
and to despoil our nation –
I can't let that happen.

Anyone who tries to rob you of your rights,
whether by brazen thievery
or clandestine klep to cracy,
by hideous trickery or with
light fingers in the light of day,
the pettiest of selfish pilfering,
they can't grasp how well-founded Freedom is –
both the Moon and its full clarity
which will never dim.
I carry its fire, and am
its emissary. Anyone
who seeks to damage me,
to find my feeblest point,
can do his damnedest:
no matter how depleted I seem,
History will display
in the nation's records
the inevitable outcome
of the role that I play.

Their gold and their silver
is a counterfeit coin,
its two faces are the same.
Their farms and their fields
crowd the banks of the Shabeele,
shelter by that richest of rivers,
fed by its finest cream;
rain directed by the Dirir star
washes them clean of dirty sand.
Their buildings are lavishly daubed
any colour they fancy,
furnished with the fittest mahogany;
five Datsuns are parked out front.
Nothing is earned from distant labour,
the sweat of work done while abroad;
nothing from diligence and hard work.
Nothing is gained by toil,
by the effort of striving together.
This bewildering wealth
lacks the blessings of parents,
nor has it dropped from Heaven –
Anyone who indulges in such display,
looking down on the destitute
and blatantly bragging about it,
doesn't he fear being called to account
and having his crime's enormity uncovered?

Our nation is renowned
for its honesty, for humility;
woven from a silken thread
our people would harm no-one;
fearing Allah, their feelings
are slow to stir – still,
they are not so easily duped:
those immersed in misrule,
pretending to stand tall while swimming

in its depths, weaving their unseen nets –
our people don't rush to blame
nor to lash out at them, but
they keep an excellent account
of such misdeeds and store it well.

Let these few lines be as striking
as the stripes on an oryx,
as visible and as lovely –
I simply place them in plain view.
But there's one further point
which will finish my argument.

Those others' poems are driven by the wind,
like a tornado they turn
wherever and in whatever direction:
swelling the banner of tribalism,
lifting its deadly spear,
taking the lid off restraint –
it's released in every marketplace.
Is there no regulation that could stop it,
no law that might detain it,
no authority to enforce these rules?
I wonder who said to let it spread,
this baleful malaria?
Why are those who pipe its praises
not brought to trial?

Let me tell the whole truth,
put into words
the essence of our charge:
while hunger grips like a strong youth,
is impregnable as a sturdy wall,
and those who grab and gather wealth,
who love to lick their lips at it –
while this type is springing up all over,

doers of ill who demand the best,
hoarding all there is;
while the poor suffer,
are pushed over, helpless,
and everyone is divided into high or low,
don't hope that tribalism
will fade and wither:
the facts oppose you.

Anyone who wants this life
to be serene,
to have savour and feel sound,
there is a path to follow:
people, you prosper
as one unit, as you share in
your shouldering of the burden –
that's the only balm.
If it weakens in one wing
then its whole end is woe.
Is there any advice better than this,
any further examples you need
beyond this ample explanation,
or do you have some countering case?

My horse is Clarity, is Daalacan –
I won't hobble it
but here I set it at ease
for a few days.
Where is that able, well-bred ram
who leads the lively lambs
to our betrothed, our princess,
the Deelley, whose call brings them all
to the well that is community,
both the people and the animals?
Who knows how best to order
the drawing of the water but you, Gaarriye,

master with the deftness to distinguish
tinder's dry leaves and dead sticks
from the trunk and branches best for the fire.
You are tempered steel:
your speeches satisfy the curious
and your arguments convince.
Your horse is named Doolaal, the strong and fast:
let its neigh ring out again,
let loose its rein, let
our theme spread far abroad.
Dear friend, Maxamed Xaashi,
I am as you are and do as you do,
if I ever let you down,
let the blame be on me. Let's be
united in our common goal:
clear of motive,
clear of voice.

LIFE'S ESSENCE (*SIRTA NOLOSHA*)

Translated by W. N. Herbert, Said Jama
and Ahmed I Yussuf

This poem came out in 1986. Following his previous political poem of
Daalacan in the *Deelley* chain, Hadraawi in this long epic goes much
more further than articulate his political stand alone. Here he elucidates
the true meaning of freedom and keeping up well with sound social
behaviour in accordance with the norms of Somali tradition. It is a
historical legacy he feels duty bound to pass over to the young
generation. Not to be forgotten, with Hadraawi it is always the art of
conveyance that is captivating.

Say you'll pay heed, my friend,
now I'm back from that journey.
First things first, warm greetings,
but second, Rashid, listen to me:
don't look perplexed that I rush in
empty handed, lacking a poem,
poetry delivers its wonders
when we're seated and settled,
its full perfection follows
walking and watchfulness -
such are its laws.

So say you'll pay heed, my friend,
to the part I played this morning
on the battlefield at Sirsirraan:
see my weariness from the road
and the dirt on my body,
my uniform and bandolier
and the weapon I shoulder.

For the ghee to flow smoothly,
dear friend, the churn requires
its wadding well-fitted, its lid to be tight:
so too the poem yields.
But each year has its own luck
and once things go this badly
we can only expect blood.
When guns take charge
that's the way it is,
that's the way it always is.

Mark me, Rashid, and listen:
decisions made rashly, in haste,
that take us in the wrong direction,
such lack of wisdom leads to destruction.
Take a look from my mind's ladder
and see the catastrophe unfold;
look this way and that,
before us and behind:
survey the whole land.

Try to ask the slaughtered bodies,
drying corpses and scattered bones
the reason for their deaths;
listen to the screams that answer,
the heart-piercing groans
and the children's wails:
if that's what you saw,
if that's what you heard,
Rashid, what would you do?

If I could have composed in the summer
or beneath the star that brings in Spring
or the month thereafter,
I would have written differently.

Now pay heed, eldest daughter
of my oldest, wisest friend,
hear me, Sahra, and pay heed:
here's why I've chosen you
apart from all the others
and call to you, Sahra, calling
as your father calls me
to impart his advice - listen,
I'll give you mine. Hear me:
history's happenings
are constant in their contents,
so listen to their wisdom, Sahra,
I write it here in lines for you:
hear me, Sahra, and pay heed,
wise eldest daughter, listen:
match Rashid's mark,
take after your mother's brilliance,
Saado's loftiness - that sign
of the women of the Horn.

So each morning frame your eyes with kohl,
ensure your hair shan't miss the comb:
set it in the finest style.
Let no smutch fall on your body,
apply fine cream to it
and take care of it with soap.
Your clothes should have neither bad smells
nor mustiness nor careless spots:
infuse them with frankincense.

Sapience is a gift, Sahra,
given uniquely to people,
and once its value is seen
there are no grounds to grumble.
We are other than the running antelope,
the billy-goat and the nanny-goat,

the tupping ram and the ewe;
other than the camel and the lamb.
Our form and its perfections,
our walk and its purpose,
the courtesies that guide our behaviour,
are protected by checks and restraints,
by limits that should not be passed:
that's what divides us
from any beast that treads the earth.
My emphasise here is
life should not be without limits,
we can't just do as we please.

Always weigh your words well;
make things clear to the uncomprehending.
Don't forget your similes and figures,
nor get into confusion's cul-de-sacs
losing your argument's thread;
don't swallow its essence.
Avoid hesitation - the clarity
of your facts should not sit in the shade.
Your argument must be plain,
so take care of its coherence.
Your approach must be reasoned;
so limit your questions
whenever making key points.
If three words suffice
don't stretch things to thirty.
Leave boastfulness behind:
don't speak haughtily
or wave your arms dismissively -
never utter an unbecoming speech.

Hear me, Sahra, and pay heed:
the skin that covers your flesh,
your body's well-formed frame,

your goodly constitution
and the beauty of your countenance -
your lovely skin does not require
covering in silk and gold.
This doesn't mean never to place
a necklace over your head:
All I want to emphasise is
should you only possess pennies
everything they display in the market
doesn't compare with the Book.

Similarly with sleep, Sahra:
the first thing may well be to get a bed,
to seek out mat and mattress,
but if you can't get all three,
you still needn't go without rest:
an animal hide is not strewn with thorns
and virtue is sufficient to furnish you with sleep.

Sahra, if someone goes without food,
then swallows tough meat
and isn't satisfied,
wishing for ghee and lamb's fat,
that desire is for the unobtainable.
The taste of the full milk vessel
from the milk-bearing camel,
the millet and ground maize,
fine ghee for flavour and fat raisins -
those are best to eat, and he
whose work produces all this is worthy of pride.
What you produce like this is also worthy,
but should you have less, still,
sorghum is not as bitter as aloes.

Hear me, Sahra, and pay heed:
leatherwear from cured hides,

cloth of Abu Samaanta,
the well-woven girdle
and the finely embroidered shawl,
beautifully-trimmed material from Sind,
beads that can be wound
around the neck nine times
and a delicately coloured coat -
though you are clad in all this finery
and your hair is braided,
if we add to these your fine looks,
your wisdom and good manners
the elegance of your confident gait,
is there anyone who could compare?

Don't be like that show-off, the secretary bird,
which can't slow down for recklessness:
bird, stop trumpeting so loud;
don't climb the unsafe fence,
driven by conceit and impatience;
don't shout at your elders
or sow discord in the community
till mouths gape with bewilderment;
don't shun your upright tradition.

Young women, call this what you will,
it is neither seemly nor civil -
culture is not swatches of rags,
not the bearing of breasts;
it is not the plucking of eyebrows,
nor the thickly painted cheek,
nor the piercing and piercing of noses;
it is not drunkenness nor hashish.
Seemliness is not the chasing of chimeras
nor the camera's stunning spectacle,
not the disk filled with foreign songs.
It's not high heel shoes,

nor whims and fecklessness;
not the defaming of others
nor imitating the shallow-minded;
Civility is not making yourself a mockery.
It's not the deliberate swinging of hips
to attract attention;
it's not the slinging away of culture,
of what makes you Somali;
it's not a matter of do as you will -
when the earth is still content to hold you,
why try to leap into the heavens?

That woman who in the wrong season
and at the unwise hour
heads back to her home
has put herself in harm's way:
praise your Prophet,
act calmly, be timely.

Some may rush headlong with skirts raised
ramble heedlessly and greet anyone,
gape thoughtlessly while gabbling away,
gossip at the end of every alley,
do any and everything without restraint -
but none of these deplorable categories
describe you in any way, Sahra.
You and those self-possessed like you
who are careful in their restraint:
all young women of your character,
my words are not for you.

But the witless and the wandered,
those who drift aimlessly
cut off from the crowd;
those who lose the right path,
unable to wait for anything;

those who have discarded decency,
given themselves to loitering,
useless as an untied rope, they are like
the cow that rejects the unsweet well
who two days later will die of thirst.

Hear me, Sahra, and pay heed:
the well-made poem has no price,
it's no jumble of words,
not just drums and empty songs,
nor shaking hips and showing off;
it's not some itch or an insomnia -
it isn't bought for tuppence.
It is that which can't be bought at mart,
that anxiety, those emotions,
it mirrors the people's needs
and bears their well-being worthily;
it is the warning cry,
the hand that wards off danger,
it never picks one over another,
but points out the correct path;
it is the past's inheritor,
it is always to the point - select from it
the essential flesh and marrow.

Hear me, Sahra, and pay heed:
life's essence is not got by force,
it is not aggression and persecution,
nor setting deceitful traps;
it is not gulping and gluttony
and greedy licking of the fingers;
it is not sottish or sinful deeds,
shiftlessly shifting between things;
it is not an empty arrogance,
not overreaching nor baseless pride;

it is not pretending to a title,
not grand houses and glamour,
neither this foolishness not that folly -
benevolence is not a currency.

Hear me, Sahra, and pay heed:
where the people are purposefully exploited
and persecuted in every possible way,
they should not cling to patience,
nor stretch out their necks on the block;
they should neither start at shadows
nor let themselves scatter;
they should neither sleep too deeply
nor expect deliverance by magic;
they should not set one against another.
Those who wait for deliverance from me
when I waited for you for so long:
what is it you are really waiting for?

Hear me, Sahra, and pay heed:
when the birds stop flying,
when the crow climbs to the top of the tree
and the ostrich stops pounding the earth,
you needn't stop too - don't trust
to blind instinct for your decisions,
leaving tomorrow to do as it may;
don't wait dumbly for the sunrise -
when the earth is engulfed in darkness,
in the middle of that night,
you must be the beacon.

Hear me, Sahra, and pay heed:
when winter's bitterness bites home
and the whole country tastes dryness;
when rainlessness troubles the people

and scorched grass is rampant;
when the sky won't yield a cloud
and the earth is walked by whirlwind;
when trees become naked posts
and bad luck haunts us all;
when our hopes come to nothing,
and even the docile cow grows restive -
you needn't do as these do.

So that the land isn't worn out,
lacking moisture and fresh rain,
or your locality and neighbourhood
experience famine and drought,
don't wait for rain's wandering season
or set the wells at too far a trek
you are capable of solving this.

Hear me, Sahra, and pay heed:
when calamities prevail
and prospects are upturned;
when diseases become fatal
and you succumb to hardship;
when herds lack direction
and the crook is just a stick - don't be
disheartened by these dreadful sights.

The pen will give wise counsel
and direct you to your goal;
it is your unfailing friend,
so always keep it to hand
and never let it go. As though
you planted sesame and cereal with it,
and the stalk of the guava,
let it set down lasting good sense
and encompassing peace;
let it seek out well-being,

equality across the entire world,
let it heal all sicknesses,
that old killer cholera;
let it flatten all fences
and the boundaries that hedge us in;
let it gather the misguided,
divided by the colour of their skins,
people who follow many flags.

Never attempt the forging of swords
and implements of death -
there are plenty of those already,
welded by experienced smiths,
wielded by those explorers we chose
from amongst our own ranks
whom we trusted with our fates,
who plan out our paths.
Those weapons the earth can't bear,
who took them into the heavens
but someone who doesn't sow a seed
or nurture a single sheaf?
Sahra, the one who owns arms
and can set the world in flames within an hour
has put it at risk a thousand times.
Serious crises that threaten life itself
are in the keeping of one who contributes least;
life, sorrowful and suffering,
belongs to the man who doesn't give a cent.

The full fruitfulness of knowledge
he has turned to other ends;
he who gives the weapons of destruction
so generously to the poor,
who finds it difficult to do good,
has the power to turn nature on its head.
And in the year of our destitution

he wouldn't give us a bowl of millet.
Life's essence is so profound, yet it belongs
to someone who cannot pierce its surface
and is only capable of killing.

The unbearable suffering of Sula,
that havoc the battle has left us in
yesterday and for many days to come,
half of us traumatised with fear,
half out of their wits with the horror;
some cast into unaccustomed states
like the widowed women I saw
wearing their mourning dresses;
others sleepless among
the burning flames, buildings flattened,
the mass graves still gaping -
all this I left behind this morning,
but carry its burden in my brain.

Used weapons lie in heaps,
shells hit the ground, fill the heavens,
sow the seas with danger;
the alarum of armaments looms,
we listen as they discharge lead -
the people have no provisions,
their bodies go bare;
no command can comfort them,
they are barraged with bewilderment;
the mad factory keeps manufacturing
though all it can deliver is death;
it churns out devastation and tragedy,
which, in order to occur
requires only the slightest excuse -
I come to you like a condemned man
who carries his death warrant in his wallet.

How good it would be to reason clearly,
to settle the world into peace,
preserve it within its proper bounds;
how beautiful is its body,
how bountiful its gifts,
how correct all its ways:
may its great perfection not
be turned to turmoil and chaotic din,
the shedding of blood with every dawn,
to checking ropes and iron chains;
may its unlimited expanses not
be exchanged for a hot, fenced-in desert,
restricted and ruled by a wanton boy;
may the people who live on its face
not be stricken by poverty,
always in need of succour
without a word of worthy advice;
may it not be defiled by the falling of blades
nor knowledge swopped for the sword.
How good it would be if such wishes
could ever come true.

Hear me, Sahra, and pay heed:
the earth and all it carries,
what's above and all that hangs there,
those with and those without shapes,
everything between clear and secret
only have being through God's word
and come and go as He commands.
All else between earth and sky -
denizens of the dense woods,
those which lie in winding valleys -
all who spit venom, or
the elephant with his supple trunk,
the rhino and its surging charge,
the lion with its shocking mane -

those from which we seek God's shield,
when such as you, Sahra, direct them
with distant gestures, see
how quickly they must bow,
throwing themselves prone.
This gift of dominance
is not easy or light to bear:
it depends on each person's perception.

Hear me, Sahra, and pay heed:
the sea and the rush of its surf,
the towering contours of the mountains;
the thunder's rumble and roar,
that deafening loudness;
the thunderbolt and its terror,
the howling approach of the storm -
don't be scared of these:
this world is made to obey you
so treat it kindly,
coax it with your awareness
as though it were your horse,
make it your helpmate;
this mist-shrouded world is a maiden,
so treat her with tender patience,
let your touch be light and gentle
as you collect the fruit she bears,
the wealth beneath her surface:
let her yield increase
and rescue her children from need;
ensure she is always at peace
and remains in serenity;
let her suffer no harm.
Don't tread this earth thoughtlessly,
free it from constant conflict,
never awaken the napalm,
the cannon choked with shells;

don't summon the warship,
the hum of the submarine,
and all such dischargers of death.
Don't use missiles against her,
or the mad sophistication of arms;
don't poison her sweetness.

Don't cut the green places with blades,
disfiguring her form,
its beauty and its freshness;
don't tear her veil,
the twilight and its clouds;
don't harm the creatures living upon her,
the oryx and other wild things;
don't disturb their interwovenness,
removing Earth's outermost layer
or destabilising its foundations.
Don't blow the last trump,
finishing it off in a single day -
when you hear its utmost groan
rather rush to comfort it
with clapping and ululation:
science should not be used
to further its victimisation.
Let its benignity mature you,
then pass it to a trustworthy successor
who will follow in your path.

Hear me, Sahra, and pay heed:
when I remember time past,
retrace the links of the Siinley, our collaboration
composed as novices at rhetoric,
addressing our country as 'Saxarla'
without assigning blame to her,
our consciousness was constrained by our time,
our expectations didn't come to pass,

and such patience never pays off -
don't depend on those who turn their backs,
don't wait for someone with no need of you,
don't risk yourself after the first betrayal.

If someone deceives you, don't waste more time;
don't ask him for his motives,
or make further excuses for him:
he's a burden you can stop bearing -
be firm, keep him at arm's length,
and never fall into making his mistakes.

If someone brags he's such and such,
don't just nod at nonsense -
if what he says lacks substance,
if his words are weightless
and don't tally with the truth,
you have the right to rebut him.

If someone lacks contentment at how
his looks or his abilities are perceived,
if he doesn't know his limits,
such hubris is hardly an asset.

Anyone who claims perfection lacks it -
there's always someone worthier;
manliness is not measured like this -
if he fulfils nine points
he'll still fail on the tenth.

That man who prays at the proper hour
though his mind drifts still thinks it's good -
if society is suffering don't suppose
the trek not worth starting.

If you sit somewhere unsafe
it's better to move than settle,
and if you have a burning question,
it's better to stand up and ask.

Anyone who refuses to see you as equal -
refute his superiority:
you were born in the selfsame way
or was he carried for ninety months instead?

If you fear to be suddenly awoken from sleep
don't live in interesting times.

When ambition isn't matched by achievement
entrust that task to an incisive hand -
this is the right way as I see it:
if an accident needs prompt treatment
don't wait for an auspicious time.

Each morning brings its own misfortunes
so don't waste the day bewailing it:
to be plain, it's your duty to solve them
then plan for tomorrow -
life requires your clarity,
fit rules, sound methods,
and none of this is impossible.

Treasure knowledge which is seemly,
combine it with apt action
and you'll lack no asset -
this is what it is to be civilised
and that alone is life's essence.

SETTLING THE SOMALI LANGUAGE (*DHIGAALKA FAR SOOMAALIGA*)

Translated by W. N. Herbert, Said Jama and Mohamed Hasan "Alto"

The short poem was composed by Hadrawi in the eve of proclamation of the official script of the Somali language in 1972. It is included in this volume also to celebrate the 40the anniversary of written Somali.

Through the fixing of its spelling
my language is delivered:
my difficulties done with,
I'm freed from every hindrance.
Settling the orthography's
our economy's foundation;
it defends against all defects
in the oneness of our nation -
it underwrites and it defines.

I must be devoted to Somali
develop through Somali
create within Somali
I must be rid of poverty
and give myself for my own mother tongue.

Only a single night divides
old yesterday's despair
from today's delighted laughter -
you people gathered here
how close you've grown together:
you face in one direction.
Do you hear deliverance call?

Have you divined its meaning?
Does it taste good in the mouth?

I must be devoted to Somali
develop through Somali
create within Somali
I must be rid of poverty
and give myself for my own mother tongue.

You who are still unaware, look!
You who are deliberately deaf: listen!
if the pot isn't placed on the fire
the dish cannot be cooked
so how will it ever satisfy?
Consider this in light of our goal:
where does deep hurt lie
but in our backbone -
time to treat that injury!

I must be devoted to Somali
develop through Somali
create within Somali
I must be rid of poverty
and give myself for my own mother tongue.

AMAZEMENT (*CAJABEY*)

Translated by W. N. Herbert, Said Jama
and Mohamed Hasan "Alto"

This poem might have been probably some time in the early seventies
of the past century. Yes, it is counted as one of Hadraawi's best love
songs. Yet it is entirely different from similar love songs composed by
others in his time. As can be seen from Cajabey, Hadraawi is not merely
taken in by the attractiveness of her physical body but goes further to
include all the natural and cultural beauties of the environment his
beloved angel so marvelously embodies.

O dazzling darling:
happy happenstance and fair fortune
to you, mind mesmeriser –
since we became acquainted
you've been my only fever.
You're like a light-footed charger
canny at midnight combat,
the fight by close engagement
where the rider takes revenge –
men constantly look keen.
I'm an empty pail that's purified
by your love's burning twigs;
every night I go out with
the dream of your long-held image.

When the green of the ground,
its surface fresh
and still unploughed,
when the brow of its growth bows
and it collapses under the weight

of its own bounty,
and there's no space to plant a foot,
not even room to lean;
when just-fallen rain gathers
making the earth's curves heavy;
when in the light red light of evening
the sky's collecting clouds
the exact hue of henna
bearing the sun's brand;
when the sun itself is clothed in
the very colour of cashmere,
when rain-promising rays hang on its neck:
your looks are cousin to all this
and who if not accustomed to it
could tell you two apart?

You're that tree topping a tall mountain
rooted in fertile soil
sated with water and ready to give fruit;
its climate differing from
that of all other trees,
its setting renowned for its beauty,
its topmost canopy and branches
holding each other up;
its fruit so ripe and red
each roars to each on every flank;
and blossoming from hair to heel
like the lovely lines that ring the throat;
the birds chorusing
till all their songs
are intermingled,
then holding a song war -
singing themselves into a stalemate
and seeking reinforcements.
After a while, when each
waves feather flags to each,

anger driving them apart,
their claws digging crossly
in the bark of the tree,
the making of the melodies
straining their tongues,
they stray from the tunes
till the imbalance is corrected.
The young people too won't eat
and refuse to go home,
unmarried girls hurry there
as though to a place of dancing,
young men too - maybe
they're fated to marry,
chattering in the eager evening -
who would not choose you?

You share your nature with
this bliss-filled universe,
if God will not be angry
or throw me into Hell
I would compel
the people to worship you,
let both black and white
crowd to crown you now!

HAS LOVE BEEN EVER WRITTEN IN BLOOD!
(*JACAYL DHIIG MA LAGU QOREY!*)

Translated by Martin Orwin

Translation first published in Modern Poetry in Translation New Series No.17, 2001, Guest Editor: Stephen Watts.

This is one of Hadraawi's love songs that came to the public arena in the early seventies of the past century. The story goes that Magool the renowned Somali female singer received from Sudan a letter written in red by some one claiming to be head over heels in love with her. Unable to read Arabic in which the letter was written, Magool sought Hadraawi's assistance who was then at the scene when she received the letter. Having finished reading the letter to her, Hadraawi at the concluding part of the letter was alerted by the writer that it was not ink what he used for writing the letter, but real blood drawn from his veins. Astonished by the fantasy of writing love letters with human blood, Hadraawi's imagination soared to the sky and he started writing this equally fantastic love song. Somali tradition is full of fairy stories with animal and human characters acting together, but this is first time we have a fairy tale of this type in a song form.

Has love been blood-written
has marrow yet
been poured for it
a person peeled
the skin from their back or ribs
has expression of this
been offered in flesh
cut from the cheeks
has blood extracted
its colour still red
uncoagulated
been scooped from the arteries

poured into a milk vessel
have two people offered it
one to the other
as they would fresh milk
have they shared it happily

time-separated in spirit
in body as by a thorn fence
sworn to each other
one morning have two
after first soaking rain
the damp mist dense
in an unpeopled place
where apart from the trees
nothing stirred
become aware
of each other's rustle

did that true meeting
seem a vision to them
brought by love's plight
or its mirage
from time to time
as if suddenly waking
out of a dream
did their speech
desiring utterance
pass from a mouth
if just a howl
did words elude them
was the situation soured by this

did spots of ceaseless rain
emotion's tears
spill from their eyes

did it soak their clothes
did they sweat compassion

disoriented with but
a stutter of movement
they were stuck
each time a word
no link with others
lacking substance
limped out alone
was it ten days later
their tongue and palate
found strength for it

but they are born for success
of equal standing
parted for so long
did they greet one another
exchanging stories
did each for their part
pass on the trials
sustained through their love
did they read the message
exchange their news

love was a food store
which when it was heated
with charcoal and fire
the glowing embers
of emotions stirred
did they fill a large pot
time after time
drag the enclosure's
night-time gate
each one with tender eyes

seeing nothing harmed the other
did they listen thus
for a whole year

did the talking end
did they then spend
half a day
in this silent way
as the daylight fell
from their staring gaze
their inflamed thoughts
did they pass that night
like the camel herders
in nocturnal endurance
of cold and dark
difficulties bringing illness

did the dawn then glow
and the sun call out
approaching each other
not crossing the boundary
of mores and modesty
longing for a balm
with a mere forearm
between them did they stand
bodies held straight
opposite each other
avoiding the step
of moving closer
resisting the play-touch
the youthful way
the taste glimpsed
in the distance
did they just behold each other
through their eyes

they stood on the spot
each one gazing
standing upright
did it last a thousand nights

the legs of the termite
emerged from the earth
breaking the surface skin
did it peel their bodies
consume the flesh
did it wound the veins
pass to the nerves
persisting
to the very inside of the bone

the bad news
it places in you
that you look on with fear
is the trials and your death
did they welcome it
with their whole body and a smile

there's a flower which blooms
after morning's compassion
has refreshed it with dew
it brings forth a red liquid
for the mouth to sip
its stamen and stigma
entwine like a rope
was it this they exchanged
offering as a legacy
did they present it to taste
as the last earthly food of love
did they place at the other's ear
the word which was missing

the termite gathered up
sand and detritus
forming clay diligently
rendering and plastering
did it transform those two
did a building arise
did it mould from them
a structure of wonder
a lofty termite mound
famed for its thickness and strength

roaming in the sun-heat
of daytime did people
in the dry season grazing lands
rest in its shade
then move away in the evening
unaware of the reality
of the story that deep inside
this shady backbone support
two souls await the outcome of truth

if self sacrifice is not made
the breath of life not exchanged
if one does not wait
for an enduring legacy
the building of a house upright
children and earthly sustenance
then the kisses and intentions
are nothing but superficial
a poison sipped to satisfaction
in that one same moment
like hyenas snatching
a girl of good repute
as they hide themselves
in the higlo tree
to pounce out quickly

each man is expectant
for what will fall to him
a hyena and his grave hole
the honour he has trampled
the modesty he has snatched
the lying illusion
this does society harm

did he strive for the highest level
of fulfilment of love
that closest to honour
or is something still missing.

HADRAAWI IYO MAANSADIISA

HORDHAC

Rashiid Sheekh Cabdillaahi X. Axmed "Gadhweyne"

Maxamed Ibraahin Warsame "Hadraawi" waa maansoyahan magaciisu Soomaali dhexdeeda iyo adduunka ba ku fidsan yahay. Waxaa se jira wax badan oo ku saabsan shakhsiyadda Hadraawi oo aan badanka dadku ka war-haynin. Qofka aan Hadraawi jabad la gelin, jid na la marin, jidiinna la cunini, kama yaqaanno wax maansadiisa ka baxsan. Sidaad darteed, ma yaqaanno inta ay Hadraawi iyo suugaantiisu isu jiraan. Kuwo badan baa jira oo ay ayaga iyo ereygooda suugaaneed isa seeggan yihiin, kuwo tixdoodu ammaanta mudan tahay, ayagu se aan mudnayn. Gogoldhigga maansooyinka Hadraawi iyo tarjumadooda ee halkan ku wada daabacan, waxaan isku deyayaa in aan wax ka muujiyo waxa ay isu yihiin ee ay wadaagaan qofnimada Maxamed Ibraahin Warsame "Hadraawi" iyo suugaantiisu. Malaa munaasabadda abaal-marinta ay ugu deeqday Prince Claus Award, ayaduna way ku habboon tahay in laga hadlo shakhsiyadda Hadraawi.

Maxamed Ibraahin Warsame "Hadraawi" Horraantii afartannadii qarnigii labaatanaad ayuu ku dhashay miyiga tuulada hadda la yidhaa Balli Calanleh oo ku taallay gobolka Togdheer (waagaas waxay ahayd *District Burao*), ee hadda malaa ka tirsan degmada Caynabo. Miyi xoolo-dhaqato reer-guuraa ah ayuu yaraantiisii ku barbaaray. Hibada dhalanka ahi waxay suurogelisay in uu asaga oo aad u da' yar ay maskaxdiisu ka waraabato oo ay weelayso soo-jireenkii hiddaha iyo dhaqanka bulshadii miyiga raacatada ahayd iyo suugaanteedii. Isla da' yari buu ku tegay Magaalada Cadan ee koonfurta dalka Yemen oo waagaas ahayd *mustacmarad* ay Boqortooyada Ingiriis xukunto. Halkaas ayuu ka galay dugsi quraanka, ku na qaatay waxbarashadiisii ilaa heerka dugsiga sare. Markii uu heerkaas waxbarasho dhammaystay, sannadkii 19674kii ka dib, shaqo macallinnimo ayuu Cadan ka qabtay, taas oo uu hayey ilaa 1967kii. Isla sannadkaasi ayuu Cadan uga dhoofay oo Soomaaliya ku noqdey. Naanaysta magaca Hadraawi ee in badan shiikhisay magaciisii asalka ahaa, waxaa u bixiyey macallinkiisii quraanka oo ka yaabay sida uu ardayda ugu sheekaynayo. Marka macallinka muuqiisu libdho, ayuu Hadraawi ardayda u bilaabaa wixii uu sheeko-hiddood iyo sugaan kale kala yimid miyigii. Macallinkii waxaa ka yaabiyey intan oo sheeko ah. Markaas ayuu yidhi: kani waa waa "Hadal badane."

Suugaantiisu intii uu magaalada Cadan joogay, ayey dadka hortiisa timid oo loo aqoonsaday kartidiisa hal-abuurnimo. Riwaayaddii la magac-baxday *Hadimo* ayuu soo saaray oo markii u horraysay lagu daawaday Cadan, ka dib na Soomaaliya; ayadaa na markii u horraysay muujisay dhalashada suugaanyahanka Hadraawi. Sannadkii 1967kii, markii uu ka guuray Cadan ee uu dalkii Soomaaliya ku soo noqday, waxa uu waqti kooban ka shaqeeyey Wasaaraddii Warfaafinta, ha yeeshee dhakhso ba, wuxuu ugu wareegay oo shaqo rasmi ka qabtay wasaaraddii Waxbarashada iyo Barbaarinta ee Soomaaliya. Waxa uu macallin ka noqday dugsi hoose, Dhexe oo ku yaallay Lafoole(Afgooye); isla markaas na tababar macallinnimo ayuu ku qaadanayey Machadkii Macallimiinta ee Lafoole (eeg *Hal-karaan*, 1993, b.11:12). Markan buu Hadraawi, suugaan ahaan, soo jiitay dareenka dadka guud ahaantii oo magaciisuna aad u shaac-baxay. Wuxuu ahaa waqti heeshaha jacaylka ku saabsan iyo riwaayadahu ay bili leeyihiin; ha yeeshee kuwa Hadraawi waxay dadka ku soo jiidanayeen sida goonida ah ee u dhisan yihiin iyo dhumucda murtidooda oo ahaa wax aan la laasan karin. Mid waliba goonideed, waxay furtay doodo iyo hadal-hayn aan go'in. Waxaynu xusi karnaa oo inagu filan suugaanta ay ka mid yihiin riwaayaddii *Aqoon iyo Af-garad*, maansooyinkiisii ku jiray silsiladdii Siinley iyo riwaayaddii Tawaawac.

Riwaayadda *Aqoon iyo Af-garad* ayaa indhaha keli-talintii Siyaad
Barre iyo Hay'addii Nabad-sugidda ku soo jeedisay Hadraawi
iyo suugaantiisa. Heestii *Saxar la'* ee ku jirtay riwaayaddaas ayaa
meel durugsan geysey colaadda talisku u hayo Hadraawii. Sida
laga warqabo tixda *Saxar La'* ayaa ibo-furtay silsiladdii *Siinley* ee
dooddeedu si weyn uga nixisay Taliskii Siyaad Barre. Laga
bilaabo waqtigaas, suugaanta Hadraawi waxay noqotay tu
Hay'adaha amnigu juuq-dhegeysanayaa oo la raad-gurayo. Keli-
talinta, weligeed ba cabsideedu way badan tahay; bur kasta na
waxay ka dhawrtaa belaayo. Cadowgeeda ugu darani had iyo
jeer, waa fanka iyo suugaanta xorta ah. Waxaa ka nixiya ereyga
suugaaneed ee sarbeeban, sogordoha humaagaynta iyo u-yaallada
murtida mugga weyn leh sidda. Suugaantu marka ay sidaas tahay,
cid walba way deeqdaa oo xaalad kasta iyo meel kasta oo la joogo
ba waa la soo qaataa oo lagu maahmaahaa.

Markii ay suugaanta Hadraawi, dadweyneheedii dhex tagtay,
siyaalo badan baa loo fasiray oo cid waliba halkii bugtay bay ku
dhayatay. Nabad-sugidda Taliskuna waxa keli ah ee is-
weydiiyaan waa muxuu yidhi iyo maxaa laga yidhi.
Mushkiladdu waa naca dadku u hayo xukunka keli-taliska ah ee
ma aha waxa suugaantu tidhi. Fasirka dadku wuxuu cabbirayaa
waxa ay taliskaa ka qabaan. Sida loo neceb yahay ayuu Talisku
ka dhex arkay suugaanta; taas ayuu ku colaadiyey Hadraawi iyo
suugaantiisa.

Habeen habeennada ka mid ah, ayuu Siyaad Barre u yeedhay
Hadraawi oo loo geeyey. Waxa uu Hadraawi ii sheegay in Siyaad
Barre, dhammaadkii kulankooda, hadal ugu soo gebogebeeyey:
'yaan mar dambe la iiga kaa keenin heeso dambe oo ah muhmal
iyo wax aan ujeeddadoodu caddayn ah oo lagu murmayo,
kacaan-diidkuna noo soo adeegsado; waxa aad doonto na i
weydiiso'. Kama uu yeelin Hadraawi. Riwaayadda *Tawaawac*
baa u eg jawaabtii uu Hadraawi ka bixiyey hadalkaas. Weliba
heesta *Wadnah'aan Far ku Hayaa*, waxay u eg tahay in ay toos uga
jawaabayso weedha Siyaad Barre. Si kasta oo ay noqoto ba,
riwaayadan heesihii ku jiray ayaa loo badinayaa in ay sababeen

xadhiggii Qansax-dheere uu kelitaliskii Siyaad Barre kula kacay Hadraawi, kaas oo uu ku jiray laga bilaabo Abriil sannadkii 1973kii ilaa 1978kii. Waqtigaas oo dhan Hadraawi waxa uu u muuqdaa nin xorriyadda ereygiisa la soo weeraray oo si adag u difaacayey; u ma na muuqan nin Taliska dagaal badheedh ah u la tegay. Suugaantiisa halganka isbeddeldoonka ahi waxay ka bilaabantaa *Deelleey.* Silsiladda *Deelleey* waxa uu ku leeyahay *Daalacan* iyo *Daahyalay.* Waxa uu asagu ugu tala-galay -in kasta oo aan lagu tirinnin- *Debed-yaal* oo ku saddex ah. Waxa uu weerarayaa qabyaaladda iyo musuqa ku jira maamulka dawladda, waxa uu dacwadiisa ku oogayaa kooxaha musuqa ku naaxay ee uu u la baxay magacyada dib-ka-naax iyo dufan jecesha. Waxaa uu la safanayaa dadweynaha saboolka ah. Haddii ay *Deelleey* joogsatay-si kasta ba ha ku joogsatee- maansooyinkiisa wejiga siyaasadeed leh ee keli-talinta ku liddiga ahi xawli hor leh bay qaateen. Sannadahii 1980kii ilaa 1982kii, waxaa uu curiyey tixaha ay ka mid yihiin *Quduro, Hoonboro, Bulsho, Taawilo, Galaal, Hambaber* iyo *Barabaraale.* Giddiba waa maansooyin dulucdoodu tahay raad-xumada ay reebayaan dhibaatooyinka keli-talintu iyo waajibka in laga dhiidhiyo oo laga hortago.

Sannadkii 1982kii ayuu ku biiray halgankii hubaysnaa ee markaas uu ururkii SNM bilaabayey. Guud ahaan ba maansadiisan xilligani waxay xambaarsan tahay nuxur ka korran aargoosi qabiil iyo hunguri loogu danaysto qaylo-dhaan qabiil. Tixdiisa *Dallaallimo* ayaa ujeeddadaas ku arooraysa. Waxa ka mid ah nuxurka maansooyinka waqtigaas in ujeeddada halganku noqdo samo lagu beddelo dulmiga talista, in la helo dad iyo dal xor ah oo caddaalad iyo horumar ku dhisan. *Gol-janno, Jiitam, Waxyi, Sirta Nolosha* iyo *Dalaallaleey,* giddi ba dulucdaas ayaad ugu tegeysaa. Waxa kale oo aad ku arkaysaa maansada Marxaladdaas yididdiilada weyn ee uu ka qabay guusha ma-baaqatada ah ee halganka. Tixda *Waxyi* baa laga akhrisan karaa yididdiiladaas; *Daalalleey* baa se si aad ah ugu talax-tagtay. Hase ahaatee, taasi Hadraawi ka ma qarinin goldolooyinka geeddi-socodka halganka iyo meelaha halganka iyo himiladu iska seeggan yihiin. Tixdiisa

Jiitama ayaa toos halgaamaga taas uga la hadashay. Tixdiisa *Gudgude* oo marxaladdan iyada ah soo gunaanadday ayaa goldoloolooyinkii halgamaaga si qoto leh u soo debed-bixisay. Ugu dambaynta, sifaale guud oo ay lahayd maansadii halganka ee Hadraawi waa sida weyn ee u rumaysnaa garaadka wax-ku-oolka ah ee dadweynaha iyo daacadnimadiisa. Waxa uu u arkayey in aan mar dambe dadka lagu dagi doonin guubaabo qabyaaladeed iyo ballamo beenaad. Gabayga *Gudgude* ayaa muujinaya aragtida u kordhay iyo sida uu taas na uga koray. Hadraawiga *Gudgude* iyo Hadraawiga *Dallaallimo*, waa laba Hadraawi.

Qofkii haddaba raba in uu ka bogto garashada shakhsiyadda Maxamed Ibraahin Warsame "Hadraawi", waxaa ku filan maansadiisa oo uu dhuuxo. Waayo, waa nin aanay asaga iyo baaqa tixdiisu isa seegin. Qofkii marka hore maansadiisa ka dhergey, ka dib na asaga, si dhab ah u la dhaqmay ee falaadkiisa arkay wuu garanayaa ujeeddada hadalkayga. Maansadiisu waxa ay ku tusaysaa oo uu falkiisu na ka marag-kacayaa nin u nool hal-muceedyada wanaagga nolosha aadamiga oo ku nool; nin xumo diid ah oo ku hal adag.

Maansadiisu waxay taabbo-gashay marxalad ay Soomaali u hanqal-taagtay hanashada gobannimo Soomaaliyi wadaagto, iyo qarannimo sinnaan lagu wada hadhsado oo ku dhisan caddaalad iyo horumar bulsheed. Haddii yoolka maansada Hadraawi kaas ahaa, waxay maansadaasi isla markii, xambaartay qiyamtii wacnayd ee uu dhaqanka Soomaaliyeed lahaa, sida xurmaynta daw-raacyadii *(norms)* nolosha bulsheed ee mudanka ahaa. Xurmada aadka u weyn uu marka hore u hayo hooyada, marka xigana guud ahaanta haweenka iyo qiimaynta uu siiyo kaalinta ay nolosha ku leeyihiin, intu ba halkaas ayey ku aroorayaan. Tusaaleheeda sida gaarka ah u muuqda waxaad ugu tegeysaa saddexda tixood ee *Hooyo, Hablaha Geeska Afrika* iyo *Indho-badan*. Ma aha kuwaas oo keli ah ee ilaa kuwiisa jacaylka soocan loo yaqaan ayaa wada xambaarsan qiyamta quruxda ruuxda dadnimo ama quruxda dhaqanka iyo anshaxa suubban. Tusaale keli ah waxaa kuugu filan *Shan-ubaxley* oo aan ayadu ka mid ahayn kuwa buuggan ku daabacan iyo *Cajeb*.

Qaayo-siinta wax-qabadka iyo in aad noqoto iftiin iyo olol baxaya ee aanad noqonnin danbas qaboobay, in aad nolosha kaalin muuqata ku lahaato ee aanad noqon dheeraad aan dheef lahayn, intuba waa qiyamta uu rumaysan yahay ee maansadiisa iyo fal-dhaqankiisa laga baranayo. Waxaad taasna soo taabaynaysaa haddii aad, tusaale ahaan, isla barato asaga iyo tixdiisa *Sirta Nolosha*.

Hadraawi waa nin naxariis badan oo weliba dadka jilicdasan ee naxariista mudan isu fideeya. Dadka uu sida weyn ugu debecsan yahay waxaa ka mid ah tusaale ahaan, carruurta, dadka da'da ah, haweenka, guud ahaan ba dadka saboolka ah iyo dan-yarta ah. Marka uu carruurta la kulmo wax la yaab leh baad ku arkaysaa; Isbeddel aad arkayso ayaa ku yimaadda; sidooda oo kale ayuu noqdaa oo cayaartooda ayuu la wadaagaa. Halganka uu ugu jiro xuquuqda dadka la isir-quudhasadaa wuxuu ka soo jeedaa dulmi nacaybka iyo caddaalad jacaylka iyo naxaariista uu hayo dadka jilicsan ee taageerada u baahan.

Hadraawi, runtii marka aad si hoose ugu fiirsato ma aha nin tacasuba ama dhalashadiisa ummadeed ku oodan. Ma aha sidaas; bal aadaminnimada dhammaanteed buu qalbigiisu qaadaa. Maraggeedu waa *Gabadh Madow, Fido, Sirta Nolosha* iyo *Gudgude*, haddii aynu afartaas tixood oo qudh ah ka xusno.

Adduun-aragga iyo hirashada maansada Hadraawi waxay ku abtirsataa oo ay bartilmaameed ka dhigataa adduun laba ah. Mid waa bulshadii Soomaaliyeed ee xoolo-dhaqatada ahayd iyo dhaqankeedii, qiyamteedii wacnayd ee rag iyo dumar, oday, nin dhexe iyo dhallin-yaro, mid waliba kaalinta la yaqaanno nolosha ku lahaa ee cid waliba milgaheeda lagu xurmeeyo lahayd. Qiyamtii deeqda iyo dul-qaadka iyo anshaxii xishoodka ee ay bulshadaasi lahayd, ayuu jacayl badan u hayaa oo uu boholyow u qabaa. Maansadiisa ayaad ka arkaysaa taas; bal waa adduunka ay badiba suugaantiisu ka soo dhiro-goosto; waa meesha uu agabka maansadiisa ka soo gurto. Si xooggan buu adduunkaas ugu dheggan yahay. Midka kale waa kan casrigan maanta ah ee

Soomaali dhammideed, xataa keeda ku dambeeya miyigii xoolo-
dhaqatada, khasabka kaga dhigaya aqoontiisa, dhaqankiisa, iyo
qiyamtiisa bulsheed, iyo qalabkiisa iyo tacab-soo-saarkiisa.
Labada adduun, intii *Daba-huwan* ka horraysay isma diidanayn
oo u ma muuqanin meel ay iska burinayaan. Tixdiisa *Sirta Nolosha*,
si cabqarinnimo weyni ku jirto, ayuu isu waafajiyey labadaas
adduun, bal waxa uu ka dhigay adduun mid ah oo uu difaacayo.
Runtu na waxa weeyey, mabaadida iyo qiyamta dadnimada ee
wacani, marka ay si guud-mar ah u yaalliin, waa isku mid oo
aadamigu dhammaan isku si buu u arkaa. Kala-duwanaanshaha
iyo khilaafku wuxuu yimaadda marka hoos loo la dhaadhaco ee
ay qolo ba waayaheeda la aaddo ee ay si ayada u gaar ah u
farsamayso.
Hadraawi waa shakhsiyad mug weyn oo ay maankiisa iyo
qalbigiisu ba qaadaan dadnimada dhammaanteed. Tixdiisa *Sirta
Nolosha* ayaad ugu tegeysaa labada adduun ee maankiisa iyo
qalbigiisa ku kulmay. Waxaad ku arkaysaa sida uu ugu dheggan
yahay dhaqankii isku fillaanshaha, isku kalsoonida, dhaqankii
gobannimo-hadalka, gobannimo socodka, Gobannimo-soorka,
xarragada iyo xishoodka ee ay waageedii Soomaalidu lahaan
jirtay. Isla sidaas si le'eg, waxa tixdaas ku jira mowqif si adag u
difaacaya nabadda adduunka iyo waxa guudkiisa saaran. Waxa
uu ku dheeraanayaa abuurta Alle, koonkan iyo sansaanka wacan
ee aad quruxdiisa la la ashqaaraayso, halista hubka aadanahu
isu samaystay iyo dhibaatooyinka ka iman kara. Tixda *Sirta
Nolosha* si cad ayuu runtii ugu abtirsanayaa adduunka iyo
dadnimada dhammaanteed. Saddexda wiil ee walaalaha ah, ayuu
ka mid yahay (eeg tixda *Sirta Nolosha*). *Gudgude* ayaa mowqifkaa
sii dhaabadaynaysa oo waa ka naftiisa waajibka kaga dhigaya in
uu "nin kastoo gambadu saaran tahay" u hiiliyo.
Waxa aan kaga hadhayaa isbeddelka ka muuqda tixda *Daba-
huwan* iyo aragtidiisa la xidhiidha adduunka maanta iyo heerka
cilmiga iyo teknoolojiyadu casrigan gaadhay, in kasta oo wax
badan laga la doodi karo, mowqifkiisa dadnimada guud ahaaneed
ma saamayso, bal waa isla asagii.

Hadraawi waa maansoyahan ereygiisa maanseed gooni yahay. Wuxuu ku gooni yahay quwadda dhismaha maansadiisa, culayska ereyadeeda, suuradaheeda iyo mowjadaha hummaagynteeda hirarka isdaba yaalla ee mid ba mid kicinayo iyo baaxadda iyo qotada murtideeda ma-guuraanka ah. Isla markii asaga iyo maansadiisu waxay wada galeen heshiis iyo ballan buuxa oo aanu midkood na burinaynin.

BULSHO (*SOCIETY*)

Bulsho waa tix ku socota badda Baarcaddaha; marmarna u taallaabaysa hees-carruureedda. Waxay ka mid tahay maansooyin dhawr ahaa oo uu Hadraawi curiyey, markii taliskii Siyaad barre amarka ku bixiyey in silsiladdii *Deelleey* la joojiyo, in kasta oo aanay amarkaas ku joogsanin. Waxay soo baxday horraantii siddeetannadii qarnigii labaatanaad. Waa xilligii qalalaasaha halista ah ee Soomaaliya ku soo fool lahaa sida weyn soo u muuqanayey. Waa markii uu Taliskii Siyaad barre dagaalka ku qaaday dadkii reer miyiga ahaa ee degganaa qaybo ka mid ah Mudug iyo Nugaal, dad aad u badanna laga soo qabqabtay degaannaadaas; gobollada waqooyina uu ku bilaabay cadaadin kale iyo dibindaabyeyn ahayd in dugsiyada waxbarasho la xidho oo xeryo millateri loo rogo, in adeeggii caafimaad laga joojo, in foolaadka dadka magaca leh la wada xidho iyo in xoogga dalku la wareego noloshii madaniga gebi ahaanba. Waxay tixdani leedahay dareen-jiidasho xoog leh, waayo waxay marka hore cabbiraysa xidhiidhka u-hilowga iyo u-dhiidhiga ah ee uu maansoyahanku u hayo bulshadiisa iyo, marka labaadna, hilaadda waxa dalka ku soo fool leh ee ka dhalanaya xukun xumada keli-talintii uu dalku gacanta ugu jirey. Bulsho marka geestan laga eego, waxay u horraysa tixaha Hadraawi ee dad badan ka yaabisa ee ay yidhaahdaan Hadraawi wax baa loo nuuriyaa oo wax soo socda ayaa la diirka looga qaadaa. Mase aha sidaas ee waa il-dheeri oddorosta waxa socda oo kala soo baxda waxa ka dhalanaya.

Talooy go'an baydahaa
Xujooy taran bedenbedkaa
Hawooy balaggaa furfuran
Sengow dhimay badalligaa
Biddoow camalkaa ku sheeg
Badeey adigana muggaa
Hirkaagiyo baaxaddii
Buraashad miyaan ku dhuray
Ballaadhkiyo mowjaddii

Bilaale miyaan dardaray
Shantaa hore bidix lisee
Caroog kulul baa balwadey
Babtiisii baa la naxay
Dad baa isu soo bulladay
Dhankee babbisadu jirtaa
Baquhu yuu saaran yahay
Ninkee boholaha Xargaga
Balbalo u daboolan tahay
Bulshaale wad buu sidaa
Bahdoon buu maaggan yahay
Ul boocuu ugu tukubay
Berdaa lagu kala negaa
Dhexdoodii buu ka baxay
Dhammaa beydbeydsigii
Ban weyn baa layska helay
Fallaadhuhu gun iyo baa
Bartii shiishkay hayaan
Biciidkuna wuu arkaa
Xaggeese la beegsadaa
Badbaado miyay dhacdaa
Belaaydu yaab lahaa
Wax bay buun buunisaa
Nin jeeday bararisaa
Shantaana ballaysinkii dheh
Bulshoy adigaa milga leh
Ninkii boojimo ku yidhi
Shalaad barataannu nidhi
Bayluulida haw furfurin
Bariidana kaama geyo
Ninkii ballankaaga qaaday
Ka baaqday xilkaad u dhiibtay
Ka baydhay ujeedadaada
Ku boobay adoo sabool ah
Ku wiirsaday baaba'aaga
Adoo bogan waayey taada

Ninkii u buseelay raaxo
Huwaday bulbushii libaaxa
Buruudkiyo shaashka qaatay
U booday cirkaa dusheenna
Bilkeeday laboontidiisa
Buurtuu koray waarin mayso
Heddiisana baajin mayso
Kub iyo bawduu ka jabi
Shantaana umal fool bashiishtay
Berdaanka xusuusta ii dheh
Bulshooy adigay boqraday
Beerkayga adaa gogladey
Bogeyga adaa huwadey
wadnaha adigaa barkaday
bishmaha adigaa furfura
Markii lagu bililiqaysto
Markii baaqagu yeedho
Ayaan boholyoow gabyaa
Dareenku baraarugaa
Bulshooy adigay boqrday
Adaa bili igu shakalay
Baruudka adaygu xidhay
Haddaan ahay wiil bir kulul
Burjiga adigaa iska leh
Badheedhka adaa i faray
Dagaalka adaa i baday
Belaayo haddaanay dhicin
Dantaada haddaan la bi'in
Haddaan baradaadu guban
Miyaynu is baran lahayn
Haddaan wanka badhida weyn
Baraarkana loo qalqalin
Ninkii cunay booligaaga
Haddaan buro loogu darin
Saboolka haddaan la badin
Haddaan boqol ruux la korin

Dhulkii beeraha lahaa
Haddaan basanbaas ka dhicin
Bal iyo xaab laga idlayn
Dadkii qabay berisamaadka
Haddaan badhax loo shubshubin
Barwaaqadu tuugsi noqon
Haddaan badar loo kaltamay
Biyaha sixin looga dhigin
Basaasta ninkii huwaday
Badhaadhnay haddaanu oran
Naftiisana been ku furan
Miyaynu is baran lahayn
Haddaan waa kuu beryaa
Bayuur iyo ummal ku tarin
Haddaan berritiyo sed maqan
Bushaara lagaaga dhigin
Baxnaanadu kugu adkaan
Haddaan sida Baar-caddaa
Baloolliyo badowyaley
Naftaadu ku ciil belbelin
Qabiilka haddaan la bilin
Haddaan boodhka laga tuntumin
Haddaan is bahaysigeenna
is biirsiga wada-jirkaaga
Budh iyo xoog lagu furfurin
Bartaada haddaan la dhicin
Bukaanka haddaan la nicin
Haddaan bogso lagu daweyn
Miyaynu is baran lahayn
Barbaarta haddaan la layn
Billaawuhu dhiig matagin
Ninkii ku bud dhigi lahaa
Haddaan baqayuhu ka lalin
Halyeyga badbaadadaada
Haddaan bahaluhu ku shirin
Haddaan bir ma geydadaada

Rasaas loo berentensiin
Waraabuhu baan ka dhigan
Baroorta qofkii lahaa
Haddaanu u rogan bil-khayr
Belaayo xijaab ka dhigan
Wixii hadhay baylahdaada
Haddaan buntukh loogu talin
xanuun lagu baraq nuglayn
Nin bayr lihi salow ku gelin
Miyaynu is baran lahayn
Basaas iyo oon dartii
Haddaan dhulku baali noqon
Haddaan sida bagagidii
Banaadir indhuu ka nixin
Bariiso haddaan la qixin
Boqoolku is daba taxnaan
Bugaan bugtu gelin Xijaas
Badroolka haddaan la yu'an
Hablihii boqorkiyo dhaclaha
Baftada lagu wada yiqiin
Haddaan baxsadkooda dheer
Baxreyn laga soo qab qaban
Haddaan boqorrada Carbeed
Amiirada baalka xidhan
Kun jeer baryo loogu tegin
Miyaynu is baran lahayn
Haddaan bari ina qalayn
Haddaan bogox ina fantayn
Beelahaa ageheenna yaal
Haddaynaan buro ku noqon
Tukii baallaha caddaa
Adduunyadu baadideenna
Bannaanada kaga xeroon
Boogteenniyo dhaawaceenna
Haddaan baga laynna odhan

HAL LA QALAY (*THE KILLING OF THE SHE-CAMEL*)

Maansadan waxa uu Hadraawi curiyey sannadkii 1973kii. Waxay ka mid ahayd heeso ku jiray riwaayaddii magaceedu ahaa *Wadnahaan Far ku Hayaa*. Murti badan oo riwaayaddaas ku jirtay tixdan baa aad uga wada cod dheeraatay oo si la yaab leh u tisqaadday ama dheh u faaftay. Haddii maansada Hadraawi ee waagaas la odhan jiray waa tu dabool saaran yahay oo, taas owgeed, siyaalo kala duwan loo fasiri jiray, tixdan baa sifahaas gaar u sii yeelatay oo si baas loo sii jiidjiiday. Maansada Hadraawi iyo tilmaanta way dedan tahay, waxaa loo bahalo geliyey oo si weyn uga nixi jiray keli-taliskii Maxamed Siyaad Barre. Waxay taasi keentay in had iyo jeer ciidammada Nabad-sugiddu, si daran, u dabagalaan suugaanta Hadraawi. Waxaa isla arrintan uga qadhaaban jiray kuwa masayrsan oo weji diradirayn ah xukunka ugu fasiri jiray tixaha Hadraawi. Tixdan baa ugu darrayd kuwii loo yeelay sawiran ku liddi ah Siyaad Barre iyo Kacaankiisii. Bal waxaa la isku deyey in Ereyadeeda qaar la maydhaamo oo si kale laga dhigo, si macne kale oo qaawan loo geliyo. Waxaa dad badani rumaysan yihiin in sababta Hadraawi loo xidhay, 1973kii, loona geeyey Qansax-dheere, ay tahay tixdan *Hal la Qalay*. Tixdu kor iyo hoos way sarbeeban tahay, waa ta ay murtida ma-guuraanka ah iyo bilicdeedu ba ku jiraan. Fasiraad la isweydiiyo na hal mar lagu ma dhammayn karayo; ilaa weligeed fasir bay u taallaa oo ay fac walba ka sugaysaa.

Hal la qalay raqdeedaa
Lagu soo qamaamoo,
Qalalaasihii baa
Ninba qurub haleeloo,
Laba waliba qaybteed
Qorraxday ku dubatoo,
Qoloftiyo laftii baa
Lagu liqay qallaylkee,
Qosol wuxuu ka joogaa;

Qubanaa dambeeyee
Weli qaba hamuuntee
Buuraha qotada dheer
Ka arkaaya qiiqee
Qarka soo jafaayee.

Qalwadii mas baa galay
Qodax baase hoos taal,
Fule quudhsigii diid,
Geesi qoorta soo dhigey,
Faras qaayihiisii
Qurux buu ku doorsaday,
Qab-qab dhaafay baa yimi
Qosol qoonsimaad noqoy,
Qabyo waa halkeedii.
Qarandidu libaaxay
Ku qadhaabataayoo
'Soo qabo!' tidhaahdaa
'Qaankiyo biciidkoo',
Qaybtana shan-laab bay
Qoondaysataayoo,
Isagana qorshaha guud
Qanjidhkiyo xumaystay
'Ha qawadin!' tidhaahdaa,
Aarkuna ma quustoo
Ma qarsado xanuunkee
Hadba qaran-jabkiisiyo
Qiirada xasuustuu
Kolba dibin qaniinaa.

Qalwadii mas baa galay
Qodax baase hoos taal,
Fule quudhsigii diid,
Geesi qoorta soo dhigey,
Faras qaayihiisii
Qurux buu ku doorsaday,

Qab-qab dhaafay baa yimi
Qosol qoonsimaad noqoy,
Qabyo waa halkeedii.

Weligey cad quudheed
Anna qaadan maayoo,
Qalanjadan faraa dheer
Wax la qaybsan maayee,
Bal inay qubuuruhu
Saddex-qayd ka maarmaan
Ama qoor-tol jeexaan,
Labadaas mid quudhaan
Xilka qaawan saaraan,
Hadba qaylo-doon baan
Ka-horow qiyaamaha
Ku qulaamin meydkee,
Aan qoofallaadee
Qarqarsiga ha iga furin.

Qalwadii mas baa galay
Qodax baase hoos taal,
Fule quudhsigii diid,
Geesi qoorta soo dhigey,
Faras qaayihiisii
Qurux buu ku doorsaday,
Qab-qab dhaafay baa yimi
Qosol qoonsimaad noqoy,
Qabyo waa halkeedii.

DAALACAN (*CLARITY*)

Waa tix jiifto ah. Waxay ahayd tixdii labaad ee silsiladdii la magac-baxday *Deelleey* (1979kii/1980kii). Waxaa ka horraysay oo keli ah *Dugsi Ma Leh Qabyaaladi* oo ahayd tixdii uu Maxamed Xaashi Dhamac Gaariye (Alle ha u naxariistee) ku bilaabay Silsiladdaas maanseed. Waxaynu ku tilmaami karnaa tixdan *Daalacan*, tixdii jeexday jidka ay badanka maansooyinka *Deelleey* raaceen, waayo waa tixdii markii u horraysay bac-dhawday nuxurka qabyaaladda ku tiirsan awoodda dawladda iyo musuqa maamulkeeda ku jira ; isla markiina farta ku fiiqday kooxaha xoolaha dadweynaha la lunsaday ee ku naaxay. Ereyada dan-yar, dufan-jecel, dib-ka-naax, dabato iyo kuwa la midka ah ee silsiladdaas marar badan iyo siyaalo kala duwan ugu soo arooray waa kuwa lagaga dayday tixdan *Daalacan*. Si kasta oo ay tixdani u sawirtay xaaladda qasanka siyaasadeed ee dalku waqtiga sii muuranayey, haddana waxaa aad uga muuqda yididdiilo wanaag ay ka taawilayso oo tilmaamayso in xun-mumada iyo sharkeedu uu guul-darraysan doono, oo inta gobonnimada jecel ee qaranka derajaysaa ka guulaysan doonto, gobannimaduna aanay dumaynin. In kasta oo yididdiilo-wanaaggu mar walba wacan yahay, haddana maanta yididdiilada *Daalacan* ee waagaas wax baa la iska weydiin karo.

Ma da'furin ogaalkay
Xaska dabada maan gelin
derejada ilhaamkiyo
hibadii dalaysnayd
uma dhiibin duudduub
Weli Dalawadaydii

Doobigeedi may dhimin
Dibu-dhigasho mooyee
Wax is doorshey may dhicin
Afartaa xan durugtiyo
Danni jira wax sheeggii
rag hadduu dagaal galo
Danta guud xilkeediyo
U dareero fuulaan
Ashkir deeddan badiyaan
xakamaha la doontaa
Duullaanka kama hadho
gaarriyoow dugaalkiyo
Shaxda Delebka taallee
Daawashiyo cayaarba leh
Sirmaqabe ku diirsaday
Aniguna hog baan degey
Digba waa digteedee
Deelleydu waa laba
Afartaasi waa duud
Arrin wadata diirkeed
Dulmar gabaygu lee yahay
marka dooddu kulushahay
daldaloollo muuqdaan
Doogashada qabiilkiyo
Dacar iyo ladh soo kaco
Nabaradu dillaacaan
dadku kala qaloodaan
Marka dhidar ku daadego
Booraan dahsoonoo
Hilbo laga diqoodoo
Damac-beelay yaalliin
Dabadeedna uuskiyo
Duufkiyo xumaystii
debedda ula soo baxo
Dadku shaamareeraan
Neecaw delleganoo

Doorsoontay uriyaan
Waxan ahay dareenkii
Noqon jirey daruurtee
Sidii roobka di'i jirey
Dalka wada dhammayn jiray
Indhaweyto daaf iyo
Cudur daansha socodoo
Duulduulay baa jirey
Daacuunse maahee
Asal-tira-ma doorshuhu
Duraygay abuureen
Ma og tahay nin doorkiyo
Inta neceb dir soocee
Derejeysa qarankiyo
Durdurrada aqoontiyo
Qalinkiyo Dawaadiyo
Deelleyda curatiyo
Innagaa ka daba tegi
Durbaankay tuntumayaan
Dawankaynu sidannaa
Sida danab u baab'in
Dugsadaha qabiilkiyo
Dib-ka-naaxa shaac baxay
Diga-rogashadeennii
Iyo dawladnimadii
Dib inay u celiyaan
Qorshahayga kuma darin
Nin kastaa ha duudsiyo
Ama dala'si haw xado
Ama duurka haw xulo
Ama dabinno haw dhigo
Ama duhur ha weeraro
Ama damac ha dhaafsado
Gobannimadu waa degel
Dayax iyo iftiin nool
Dumimeyso weligeed

Anigaa dabka u sida
Dal-jirkeedi baan ahay
ninka xagal-ka-daaciyo
Goldaloola iga hela
Isaga iyo digtoonkii
Anigiyo dagnaantay
Taariikhdu duuggeed
Diiwaanka qarankiyo
Wixii deyn cad ii qoran
Dirirtiyo rogaalkay
Dahabka iyo maartiyo
lacag aan Dur wadannoo
Laba daabac sidatiyo
Dalaga iyo beeraha
dacalada Shabeelliyo
webiyada dugsaniyiyo
Danbarsada labeentiyo
Dirirradu habaaskiyo
Dusha sare ka maydhaan
Daarahan casuustaleh
Kolba midab la doortiyo
Diibka lagu mariimee
Shanta Datsun yaalliin
Hanti aan dal dheer iyo
laga keenin dibadaa
Karti iyo dedaaliyo
dardar lagula soo bixin
Duullaanna loo gelin
Duco waalid soo hoyn
Carshigana ka soo degin
Deeqdaa la yaabka leh
Ninka weel darsanayee
digashada saboolkiyo
Ku darsaday badheedhaha
Miyaan eedi daba ool
Godobtiisu dedanaa

Bulshadeennu waa duul
Daacad iyo xishood badan
Dun xariira weeyaan
Cidna uma darraadaan
Dar Allay ku dhaqantaa
Dareen waw dhegweyn tahay
Ogow doqonse maahee
Qofka maamul dalabliyo
Dabbaal-joogto hoosiyo
Dibindaabyo ugu maqan
Degdeg uma tilmaamaan
Nabar kulama duulaan
Dib bay ugu muddaystaan
Dulmigiisu waw kayd
Afartaa dun quruxliyo
Diillimaha Biciidkiyo
Dildilaha farshaxankiyo
sida delebka ma dhigay
Mid kalaase ii dihin
weli dooddu ii furan
Maansadan dabayshiyo
Duufaan sidiisii
Dalandool u socotee
Dalladii qabiilkiyo
Xidhan waranki deyllaa
Laga furay daboolkii
lagu gado dukaamada
Miyaan xeer dabbaaliyo
Sharci laba-dibleeyiyo
Dar u qaybsan loo hayn
Toloow daaya yaa yidhi
Duumadan xanuunka leh
Kuwa luuqda daba dhigay
Denbi miyaanu qabanayn
Dulucdiyo ujeeddada
Runta aan u daadego

Ducda hadalku waa hee
Inta gaajo doob tahay
Derbi tahay laxaad weyn
Dufan-jecesha ururtiyo
Dibna-leefta tarantee
Doorka maanta soo baxay
Dabatadu sad roon tahay
Waxa yaal daldalayaan
Danyartiyo saboolkuna
Diingaraaro jiifaan
Dadku kala sarreeyaan
In qabiilku dabar-go'
Ama dumo ha eegina
Cilmi diidayaa jira
Deegaanta noloshiyo
Darantiyo samaantana
Ninkii doonayoow taas
Daw loo maraa jira
Ummad yahay daryeelkaa
isku duubnidaa iyo
Adigiyo dedaalkaa
Dawadaadu waa taas
Dhan hadday ka debecdana
Gabbalkaa dam weeyaan
Ma dardaaran baa hadhay
Deexashada tusaalaha
Ama talada deeqda ah
Miyaad dood ka leedahay
Geenyadaydi Daalacan
Dabar saari maayee
Dibso aan idhaahdoo
Dagagara ayaamee
Sulmakii darbane mee
Dalandaliska Naylaha
Doonnanteenan boqorka leh
Deelleyda baaqa ah

Darka laaska beeshiyo
Duunyadu isugu timi
Dalbashada wadaantiyo
Adaa doojinteediyo
Haya dawliskeedoo
Dulqulaalka xanankiyo
Dogobkiyo Huuddiyo
Waxa tahay Bir-daaqeen
Ardaydiisa dooddiyo
deeqsiiya hadalkee
Sangahaagi Doolaal
mar labaad ha dananee
majaraha u sii daa
Sheekadu ha durugtee
Dawi Maxamed Xaashoow
Aniguna ku dayashada
Haddaan dayro kaa dhigo
Anaa daawadii furay
Waa innoo dantaas guud
Deelka-xeel-la'aaneed
Carrab dalab-la'aaneed

SIRTA NOLOSHA *(LIFE'S ESSENCE)*

Sirta noloshu Waxay soo baxday sannadkii 1986kii. Waxa ay figta sare ka saran tahay maansada siyaasadeed ee Hadraawi, taas oo ka soo bilaabantay Deelleydiisii Daalacan. Waxay wada siddaa ulajeeddooyin aan mid iyo laba ahayn oo ay hal mar ku soo hor-dhigayso. Ka sokow baaqeeda siyaasadeed waxay ka hadlaysaa oo si weyn u hogo-tusaalaynaysaa arrimaha ay ka mid yihiin qiyamta akhlaaqda san, hiddihii anshaxa dadnimo iyo dhawrsoonidii gobannimo ee uu lahaa dhaqanka Soomaaliyeed. Waxaa kale oo ay isla markaas u babac-dhigaysaa ammuuraha culus ee adduunka waagan jira, gaar ahaan qaddiyadda nabadda adduunka iyo dhawridda abuurta dunida.
Giddi arrimahaas waxa uu u marayaa oo ay kuugu soo gudbinayaa af-suugaaneed aad u qurux badan, taas oo uu mar ba xaaladda uu ka hadlayo kugu tusayo sawirro hal mar ku gelinaya ashqaraar iyo shaamoreer.

Saaxiibkayow heedhe
Safar baan ka imi dheere
Marka hore salaan diirrran
Marka xiga samow heedhe
Ha ka nixin si-dalagtayda
Sacab fara-madhnaantayda
Suugaanta yaabkeeda
Salka iyo fadhaa keena
Marka xiga sugnaanteeda
Socodkiyo falkaa sheega
Xeerkeedu waa saase.
Saaxiibkayow heedhe
Anba saaka qaybteeda
Sirsirraan ka joogaaye
Xadhiggiyo bal eeg suunka

Iyo sabarka gaadiidey
Iyo salabka ii qaaran
Iyo suudha guudkayga
Hilaygiyo waxaan saabka
U gilgiley Samaw haanta
Subag inay ku dhiiqdaaye
Saasay ku badisaaye
Sannad weliba xeeshiiye
Kol hadday silloonaato
Samaheedu waa dhiige
Sumuc talada loo dhiibye
Sida sida sidaas weeye
Si la yeeli jirey weeye
Marka xiga Samaw heedhe
Talo sibiq dhaqaaqeeda
Soof-daran habawgeeda
Sal-fudaydka hooggiisa
Bal sallaankan fuul laalan
Iyo sagabtan heensaysan
Dhulka saas u jeedaali
Sidan iyo sidaas fiiri
Sidan iyo gadaal dheeho
Raqda solan lafaa soogan
Bal su'aal u celi meydkan
Sababtuu u go'ay raadi
Bal dhegeyso saylaanka
Iyo salowga beer-qaadka
Iyo sebiga yeedhiisa
Waxaad aragtay oo saasa
Waxaad maqashayoo saasa
Maxaad odhan lahayd Suudi?
Samalaho furfuriddooda
Godka seer-ma weydaanka
Marka ay sabbuux gaadho
Si kalaan u dhigi taase
Saaxiibkay Waayaale

Suurtuu dhalaay heedhe
Heedhee Sahraay heedhe.
Waxaan adiga kuu saantay
Dadka kaaga soo soocay
Sahra kuugu yeedh-yeedhay
Siduu aabbahaa heedhe
Samo ii faraan heedhe
Kuu siinayaa heedhe
Sooyaalka taariikhdu
Iyadaan salguurayne
Murtidaan Sahraay heedhe
Sadar kuugu qorayaaye
Heedhee Sahraay heedhe
Curad suubbaneey heedhe
Summadii Rashiid yeelo
Iyo weynidii Saado
Iyo sawracii hooyo
Sinjigii hablaa geeska
Subaxdii indhaa kuulo
Tintu saqafta yay waayin
Iyo diibka loo saaro
Subko oo xayaabayso
Korka siigo yey taaban
Ku illaali saabuunta
Dharku siifad yuu yeelan
Suyac iyo bar gaasheysan
Ku ilaali saahoodka
Garashadu Sahraay ruuxa
Sed u gaara weeyaane
Hadduu saamigaas yeeshay
Qurux ma leh saluuggeedu
Dadku siigga dida maaha
Sogob iyo ri'weyn maaha
Sumal iyo laxdiis maaha
Rati iyo sabeen maaha
Falka iyo sugnaantiisa

Socodkiyo abbaartiisa
Dhaqan sida xishoodkiisa
Dabar iyo silsilad haysa
Iyo suun ma dhaafaan ah
Wuxuu soofka xoolaaba
Kaga soocan yahay weeye
Waxan uga socdaa heedhe
Naftu seeto yey waayin
Hana falin sidaad doonto
Hadalkana sar weedhiisa
Una saaf qofkii waaya
Ha ka tegin sarbeebtiisa
Hana gelin sursuur oodan
Hana lumin sargoyntiisa
Hana liqin sangaabtiisa
Ha ku saxan badheedhkiisa
Runta sogordoh haw yeelin
Ha suldaarin dooddiisa
Sisibaa wadaaggiisa
Sababee abbaartaada
Hana badin su'aashiisa
Sarrifkiyo tilmaantiisa
Saddex erey halkii dooni
Soddon yaanay kaa qaadan
Siddi-qabaxi yay raacin
Sare haw dhig-dhigin luuqda
Gacantana ha saydh-saydhin
Hana odhan wax sawliila
Heedhee Sahraay heedhe
Sarta hilibka dheehaaga
Samaydaada dhererkaaga
Sarajooga muuqaaga
Sanqaroorka jaahaaga
Dahab iyo xariir saran
Uma baahna saantaadu
Hadda silis ha xidhan maaha

Luquntana ha sudhin mahaa
Waxan uga socdaa heedhe
Marka aad sunuud hayso
Waxa suuq mug-weyn yaalla
Ha la simin kitaab weeye
Hurdo iyo Sahraay jiifka
Marka hore sariir raadi
Salli iyo furaash dayday
Saddexdaba haddaad weydo
Lama seexan kari waayo
Hadda saantu qodox maaha
Suugaantu gogol weeye.
Ninku qaday Sahraay tiisa
Hadduu seed liqliqiddeeda
Ku saruurad goyn waayo
Subag iyo baruur doono
Sidu jecelyahaa been ah
Dhadhan iyo sibraar kayda
Sidig caanaheedaa leh
Badar iyo sarreen shiidan
Iyo sixin ku iidaaman
Wax la cuno sabiib baa ah
Nin samaystay baa faan leh
Waxaad haysataa saasa ah
Ka sokow intaan sheegay
Hadda soortu dacar maaha
Dharku Saadhi qudha maaha
Saylooni garan maaha
Iyo sabarandaa giiran
Mana aha surwaal biid ah
Haddaan saarku kuu diidin
Saddex-qaydu ceeb maaha.
Heedhee Sahraay heedhe
Sar daruuran oo maasa
Mar Abu Sarmaantiiya
Dhacle baarka loo seesay

Boqor wada xiyaakhaysan
Sildiyaal jiljila dhiibsan
Tusbax dhawr sagaal laaba
Iyo qool sunaar dheehan
Subeciyad xiddiyo laaf leh
Adigoo siddeeddaas hal
Iyo timaha oo soohan
Ku darsaday sifaa guudka
Garashiyo sarriig sheegtay
Ma qofkaa sitaa jooga.
Hadda salamadhlow gaabi
Ha ku jabin saqlaa waalan
Sallow ololka hoy jooji
Ha saloolan xayndaabka
Ha ku bixin saloognaanta
Ha sarriiran waayeelka
Sakatiga ka daa beesha
Saha iyo af kala qaadka
Ha ka nixin hiddaa suubban.
Gabdhayahow sidee waaye
Ilbaxnimadu saas maaha
Hadba suf karkaro maaha
Sararaha bannee maaha
Qorqor suunniyaa maaha
Dhabanada sibbaaq maaha
Sanka oo la mudo maaha
Sakhrad iyo xashiish maaha
Sawir iyo riyaaq maaha
Filin iyo sarcaad maaha
Saxan reer galbeed maaha
Kabo sookal dheer maaha
Suuriyo durduro maaha
Salsalaw cid kale maaha
Qof silloon ku dayo maaha
Wax sawaaban noqo maaha
Sinta iyo lafaa duudka

Saddex goor jejebi maaha
Dhaqankaaga saydh maaha
Soomaali diid maaha
Sidaad doonto yeel maaha
Dhulka oon ku sidi waayin
Samadoo la koro maaha

Xilliyada wax saareenka
Iyo saacadaa reebban
Sabbadiyo rugtay joogtey
Gabadh timi ma saalloona
Ku salliya Rasuulkiina (C.S.W)
Salka dhiga guryaa seexda.
Sunsun falan siddaha feyda
Sati fudud salaan sheegan
Indha suhub af geed saarrey
Hadba surin ka sheekeeya
Sidan iyo sibaas yeela
Ereyada saluuuggoo dhan
Kuma lihid Sahraay meella.
Sunbo iyo maraadaa leh
Inta sibiq dhaqaaqdaa leh
Sagan daaqa jiitaa leh
Inta marinka seegtaa leh
Waxba aan sugeyn baa leh
Inta sharafta saydhaa leh
Suuraafta maqan baa leh
Xadhig lama sitaan baa leh
Saca Faarsa nacay baa leh
Barni sumal xadkeedaa leh
Heedhe Sahraay heedhe
Suugaantu iib maaha
Erey iyo sunnee maaha
Hugun iyo sitaad maaha
Siddi iyo i daya maaha
Sadho iyo xajiin maaha

Laba saaq ku gado maaha
Waxan seylad gelin weeye
Sahdi iyo dareen weeye
Bulsho saaasaheed weeye
Samaheeda mudan weeye
Sawdkeeda diga weeye
Sacabkeeda kulul weeye
Marna baadi sooc weeye
Sahan iyo tilmaan weeye
Dhaxal soo jireen weeye
Wax ku saabsan meel weeye
So'da iyo ka guro dhuuxa.
Heedhee Sahraay heedhe
Sirta noloshu xoog maaha
Dhagar iyo suryee mahaa
Surma seegto dedan maaha
Sibqi iyo hunguri maaha
Sacab iyo ka leef maaha
Sukhrad iyo fal xumo maaha
Hadba seeb u rogo maaha
Salfo iyo ku faan maaha
Damac iyo sandaho maaha
Derejiyo saldano maaha
Saro io dhalaal maaha
Sidan iyo sidaas maaha
Hadda sadadu lacag maaha
Heedhee Sahraay heedhe
Bulsho saami loo tuurtay
Shan siyood wax loo yeelay
Samir inay xigtaan maaha
Surka inay dhigtaan maaha
Sas inay didaan maaha
Inay suudalaan maaha
Sardho inay galaan maaha
Sixir inay dirtaan maaha
Inay kala saftaan maaha

Nin i sugayayow heedhe
Anigoo ku sugey heedhe
Maxaad ii sugtaa heedhe?
Heedhee Sahraay heedhe
Marka haaddu socod deyso
Dhirta sare tukuu fuulo
Gorayadu sanqadha reebto
Adna soonka xidho maaha
Mugdi talada sii maaha
Berri iyo siday doonto
Sug cadceedda maqan maaha
Saqda dhexe habeen soocan
Gudcur simay adduunkeenna
Wax siraata noqo weeye
Heedhee Sahraay heedhe
Saran seerka jiilaalka
Surbacaadka jaahweynta
Sumal-haadka roob waaga
Iyo solanka daaduunka
Cirka oo sabaad guurey
Dhulka oo huwadey siigo
Iyo dogobbo soogsoogan
Marka beladu sooyaanto
Saadaashu beenowdo
Saca nuguli kaa leexdo
Adna sebenka raac maaha
Inan sabadu duugoobin
Sayax iyo ugbaad waayin
Sudda iyo degaankaagu
Surmi iyo harraad leeyan
Ama saacu guur-guurin
Sohda ceelku dheeraannin
Adaa yeeli kara saasba.
Heedhee Sahraay heedhe
Saxariirka aafaadka
Saxallada kal-meerkooda

Sambabkuba col weeyaane
Marka saymo loo iisho
Ama soofku jaan qaado
Ushu way sabooshaaye
Ha ku dagan sidsidadkeeda
Qalinkaa wax suureeya
Kugu sima halkaad doonto
Saaxiib kal furan weeye
Sunto fara ku hayntiisa
Weligaa ha sii deynin.
Sisin iyo ku beer muufo
Iyo laanta saytuunka
Ku qotomi sungaan waarta
Iyo nabadda seeskeeda
Samo iyo ku doon heedhe
Dunidiyo sinnaanteeda
Ku dawee sawaaceenka
Iyo siica daacuunka
Ku burburi sarbaa mooska
Iyo soohdimaa meersan
Ku midee samuud raaca
Midabada la sooc soocay
Dadkan tobanka saamood leh
Weligaa ha tumin seef
Iyo sabaradaha mowdka
Dar samaysan baa yaalla
Sancayahan gaboobaa leh
Sahankaynu diranaa leh
Nin sokeeyeheenaa leh
Ninka sida xilkeennaa leh
Ka sarjara heddeennaa leh
Salab ciiddu hayn weydey
Ninka sudhay xiddigahaa leh
Nin sabuul la aayaysto
Dhulka siib ku ridin baa leh
Nin Sahraay adduunkeenna

Sacad gubi karaa haysta
Ninka sigay kun jeer baa leh
Waxa nolosha saameeya
Sako nimaan ka bixin baa leh
Nafta saawa-saawaysan
Santi nimaan ku furan baa leh
Nin aqoonta soorkeeda
Sida kale u rogey baa leh
Ninka sulubka maadhiinka
Ugu roon saboolkaa leh
Nin samaa ku adag baa leh
Sannadkaynu caydhowney
Kaynu suus ka weynaa leh
Naftu waa sir xeel dheere
Nimaan suubin Karin baa leh
Wedka qudha sameeyaa leh
Sulda iyo xanuunkeeda
Shalay iyo sadaaddeeda
Iyo saawihii hoogga
Naxdintii badh baa suuxsan
Selelkii badh baa waashay
Dad sawaaban baa buuxa
Dumar waayey saygooda
Hengashii sidaa muuqda
Ololkii badh baan seexan
Sarihii dumaa jiif
Qabrigii sinmaa jeexan
Waxa saaka joogow ah
Surrad baa i guud taalla
Salabkii horaa tuuran
Samadiyo dhulkaa buuxa
Baddu waa sakalo miidhan
Qalab suruc leh baa laalan
Sanqadhuhu hub kacay weeye
Sabarkii dadkaa baahan
Saantii dadkaa qaawan

Weli talo ma saalloona
Waxa soo socdaa yaab leh
Wershed suufiyaa daaran
Waxay soo siddaa geeri
Midhaheedu waa saymo
Belo aan fan seeraarka
Saxar loo mar-maran weeye
Waxan ahay qof cayn saaban
Deldelaad u sudhan jeebka!
Allow yaa wax suureeya
Salka dunida yaa dhawra
Iyo seeska jiriddeeda
Wacanaa sansaankeedu
Badanaa sudaaddeedu
Saxanaa hannaankeedu

Allow yaan sugnaanteeda
Saymiyo u rogin duullan
Subax noolba dhiig daata
Xadhig iyo silsilad shiilan
Allow yaan sinnaanteeda
Ku beddelin saraar oodan
Iyo seere wiil qaytey
Dadka saran guudkeeda
Yaan ka dhigin sabool qaawan
Iyo soobir caydh jooga
Erey sami wuxuu gooyo
Allow yaan ku jarin soodhka
Garashada ka dhigan seefo.
Allow yaa su'aashaasi
Sida ay u tahay yeela.
Heedhee Sahraay heedhe
Dhulka iyo wixii saran
Sare iyo wixii laalan
Inta sudan intii seemman
Waxa jira sir iyo caadba

Rabbi qudha sax weedhiisa
Sida uu ku yidhi buuxi
Waxa hadhay salka iyo baarka
Inta sool qarsoon joogta
Inta seel xidhxidhan jiifta
Inta saydha waabayda
Maroodiga siddaa dheer leh
Wiyil iyo sahboodkeeda
Inta laga subxaanaysto
Kolay tahay libaax sayn leh
Marka aad Sahraay meel fog
Uga suul-dhabaaleyso
Deg-deg inay sujuuddaada
Suxullada dhigtaan weeye!
Sidashada awooddaasi
Sahal io wax fudud maaha
Qofba waa si garadkiisa.
Heedhee Sahraay heedhe
Badda iyo sulaaqeeda
Iyo buurta saysaaban
Onkodkiyo sawaxankiisa
Salowgiyo jibaadkiisa
Danabkiyo salsalihiisa
Sarka dhabanka duufaanka
Ha ka didin sawaxankooda
Duni kuu sakhiran weeye
Sayid baad u tahay caana
Suubaali oo layli
Ku sasabo aqoontaada
Senge iyo ka dhigo doonni.

Sallo iyo ka dhigo oori
Gabadh weeye caad saran
Badi saayiraadeeda
Iyo laab salaaxeeda
Guro saadka guudkeeda

Iyo sahayda uurkeeda
Kordhi noole soorkeeda
Iyo baahi saarkeeda
Hubi nabad sugnaanteeda
Iyo sabo negaanteeda
Ha ku deyin xannun saaqa
Ha ku badin saqaaf ciiddan
Suluf iyo colaad waarta
Ha ku saaxin naabaalka
Iyo sulubka baaruudda
Ha ku didin sabbeeyaanka
Sabareynka boodbooda
Iyo sukhula naareedka
Ha la dhicin sawaariikhda
Iyo saanadaa miiggan
Ha sumayn macaankeeda
Salabaha ha marin doogga
Ha burburin sansaankeeda
Quruxdiyo sureerkeeda
Ha sadhayn hagoogteeda
Sagalkiyo daruurteeda
Ha sukuumin uunkeeda
Saryankiyo ugaadheeda
Ha furfurin sin-dadabkeeda
Ha ka rogin dul saarkeeda
Udubbada ha siibsiibin
Ha afuufin suurkeeda
Subax qudha ha duuduubin
Sakaraadka taaheeda
Uga xilo samaanteeda
Sacabkiyo mashxaraddeeda
Garashadu mid soofaysa
Ha ka dhigan sadqaynteeda
Ha ku solo wanaaggeedu
Ku sin inan-dumaalkeeda
Kuwa saadanbee laalan.

Heedhee Sahraay heedhe
Seben tegey xusuustiisa
Raad raaca Siinleyda
Socod barashadii doodad
Saxarliyo abbaarteeda
Anigaan wax saaraynin
Sannad iyo garaadkiisa
Saadaashu been weeye
Waxba samir ma liileeyo
Ha sarwicin qof kaa jeeda
Hana sugin nin kaa maarmay
Hana sigan mar mooyaane.
Nin ku siray ha faallaynin
Sababana ha weydiinnin
Ha u seeta dheeraynin
Hana sidin culayskiisa
Siriq iyo ku qabo baydo
Hana falin siduu yeelay.
Nin ku yidhi anaa saasa
Ha ku odhan sidaas weeye
Sida uu ku yidhi heedhe
Haddii ay siniin weydo
Ama sarin sanaan weydo
Waxa furan sidaas maaha
Qof saluugey maankiisa
Ama suufay muuqiisa
Ka sal kacay xaqiiqdiisa
Qabku saami ladha maaha
Nin sitaba bar baa saran
Ninka sii sitaa jooga
Raggannimada sooceeda
Adigoo sagaal buuxshey
Hal ku seegay baa yaalla.
Sogotiga qof tegayaa leh
Si hadday u dhici weydo
Si kalaa u waan waan ah

Dunidaa sidaas yeesha.
Sooryana qof yimi baa leh
Si hadday u noqo weydo
Si kalaa u waaceen ah
Dad horaa sidaad yeelay.
Nin salaad u kacay oogan
Sahwi galay xalaaleeye
Adna sahankan beel loogan
Ha ka dhigin socdaal baada
In halkii sal hayn waayo
Laga saba rogtaa doora
In su'aal jawaabteeda leh
Lala sara kacaa fiican
Nin ku yidhi sinnaan mayno
Adna buri sarrayntiisa
Sidka waa wadaagtaane
Ma sagaashan baa tiisu.
Selelkaba hurdaa keenta
Haba seexan goor baas leh
Han sareedo loo waayey
In saraayo loo daayo
Sida aan u idhi weeye
Bela saacaddeed joogta
Sabti nabada haw riixin
Subax dhalatay caadkeeda
Ha ka bogan wax saarkeeda
Adiguba samee maanta
Berritona sargoo heedhe
Noloshaba inaad saafto
Qaabayso saabkeeda
Waxaan suura gelin maaha
Garashiyo sugnaan hoyso
Falka sami ha kuu raaco
Mana jiro sed kaa baaqday
Ilbaxnimadu saas weeye
Sirta noloshu taas weeye.

DHIGAALKA FAR SOOMAALIGA (*SETTLING THE SOMALI LANGUAGE*)

Maansadani waxa ay soo baxday sannadkii 1972kii markii lagu dhawaaqay go'aanka doorashada far Soomaalida. Maanta waxa loo debbaaldegayaa sannadguuradii 40aad ee kasoo wareegtay dhalashadaas, waxa buuggan xus looga dhigay in lagu soo daro maansadan uu Hadraawi kaga qayb galay farxaddii lagu soo dhaweeyey dhigaalka farta Soomaaliga.

Dhalashada afkaygiyo
Dhigashada fartaydaan
Kaga baxay dhibaatoon
Hawlihii ku dhaafee,
Iyadaa dhaqaalaha
Dhidibbada u aastoo
Dheelliga u diiddaye,
Dhulka wadajirkiisee
Iyadaa dhammeysee.

Waa inaan ku dhaataa afkayga,
Waa inaan ku dhistaa afkayga,
Waa inaan ku dhaqdaa afkayga,
Waa inaan ku dhergaa afkayga,
Waa inaan ku dhintaa afkayga.

Shalay dhabannahayskii
Dhoolla-qosol maanta ah
Xalay bow dhexeysee,
Dadka dhooban meesha
Laysku soo dhawaadee,

Dhanka qudha u jeedoow!
Ma hesheen dhambaalkii?
Hadalkii ma dhuuxdeen?
Ma idiin dhadhamayaa?

Waa inaan ku dhaataa afkayga,
Waa inaan ku dhistaa afkayga,
Waa inaan ku dhaqdaa afkayga,
Waa inaan ku dhergaa afkayga,
Waa inaan ku dhintaa afkayga.

Qofka dhoohanow, arag!
Kii dhegala'ow, maqal!
Haddaan dheri dab lagu shidin
Dhuuniga ma kariyoo
Waxba lagama dheefee,
Dheehdoo danteennii
Halka dhaawac kaga yaal
Lafta dhabarka weeyee,
Boogaha ma dhayannaa!

Waa inaan ku dhaataa afkayga,
Waa inaan ku dhistaa afkayga,
Waa inaan ku dhaqdaa afkayga,
Waa inaan ku dhergaa afkayga,
Waa inaan ku dhintaa afkayga.

CAJABEY (*AMAZEMENT*)

Cajebeey Cajiibeey waxay soo baxday sannadkii 1973kii. Waxayna ka mid tahay maansada Hadraawi ee la yidhaa waa jacayl. Waa run oo dulucdeeda jacayl iyo caashaqii Cilmi Booldheri ba waa la ga dheehan karaa, hayeeshee jacaylka Hadraawi ayaa ah mid ka duwan jacaylka suugaantii la faca ahayd. Ma aha oo keli ah jacayl uu u qabo gabadh uu caashaqay ee waa jacayl uu u qabo dalka ay ku nooshahay; carradiisa iyo cimiladiisa; qiyamta dhaqanka bulshadiisa iyo anshax-wanaagga ay ku soo kortay kana waraabtay. Intaas oo dhan buu caashaqsan yahay oo waa wax ka muuqda heesta, waana wax u gaar ah jacaylka Hadraawi. Waa jacayl ka madhan hunguriga hammada mutux ah. Kiisu waa mid ku dhisan dhaqanka hufan.

Cajebey cajiibeey,
Cawo iyo ayaaneey,
Caqligaad xadaysaa,
Caku! Barashadaadii,
Iyo caabuqaagee,
Sida faras cag fududoo,
Cadda-horor yaqaannoo,
Gulufkiyo colaadaha,
Ninka lihi cad-goostaa,
Raggu kuu cugtamayaa;
Anna caashaqaagaan,
Hadba weel u culayaa,
Cimri-dherer hadhkaagaan,
Riyo kula caweeyaa.
Dhulka oo cagaaroo,
Cosobkii dul-saarraa,
Isagaan car-jabin weli,

Cabbanaan daraaddeed,
Ciidda hoose raantiyo,
Kula ciiray fooddoon,
Cagta meel la saaroo,
La cuskado lahaynoo,
Calcalyada xareeddii,
Halka godan cuslaysiyo;
Fiid-cawl horraantii,
Cirka oo daruuruhu,
Midab wada cillaaniyo,
Ku dhigeen canjiidaha,
Xilli ay cadceeddii,
Dhar cashmiira xidhan tahay,
Sagal caasha saaraad,
La wadaagtey caanoo,
Haddaan caawo kale jirin,
Cidi kaama garateen!
Geed cal iyo buur dheer,
Carro-hodan ku yaalloo,
Cokanoo irmaanoo,
Dhirta kale ka caynoo,
Cimilada agtiisiyo,
Rugtu qurux ku caan tahay;
Dusha sare caleentii,
Laamaha is-celisoo,
Hoobaan casuus lihi,
Cartamayso dhinacyada,
Ubaxuna tin iyo cidhib,
Kaga dhigay cabbaadhyada;
Shimbiraha ka ciyayaa,
Intay heeso curiyeen,
Isku camal wareereen,
Dabadeeto carashada,
Markii laysku cayn go'ay,
Isu ciidan doonteen;
Halcabbaara goortay,

Isu calan-waleeyeen,
Cadho kala maqnaayeen,
Cadcaadiigsi geedkii,
Ciddiyaha ku qariyeen,
Codka luuqda heestiyo,
Carrabkoodu kala tegay,
Carcaraha is daba maray,
Cudur jirey ku baaba'ay;
Dhallin caana diiddoo,
Guryihii ka caagtiyo,
Cadraddiyo barbaartii,
Sida goob ciyaareed,
Ugu soo carraabeen,
Calaf waa halkiisee,
Hadallada cawayskaas,
Ku calmaday u badan tahay!
Carshigaa nasahan baad,
Biyo wada cabteenoo,
Haddaan lay cadaabayn,
Rabbi ii cadhoonayn,
Dadku inuu ku caabudo,
Madowgiyo caddaankuba,
Ku caleemo saaraan,
Sow kuma canaanteen!

JACAYL DHIIG MA LAGU QOREY! *(HAS LOVE BEEN EVER WRITTEN IN BLOOD!)*

Tixdani waxay ka mid tahay maansada Maxamed Ibraahin Warsame (Hadraawi) ee jacaylka ku saabsan; waase jacaylka maansada Hadraawi ee qiyamta dadnimada wacan la xidhiidha. Markaad aad ka timaaddo qiyamta dhaqanka xishoodka ee ay Soomaalidu hiddaha u lahaan jirtay, waxay si talaxtag u gudbaysaa oo uu baaqeedu yahay nafta oo jacayl dartii la isu fideeyo. Waxay u taallaa qaab sheeko-baralay(usdduuro) ah oo aan is-leeyahay waa qaab ku cusub suugaanta Soomaalida laga hayo. Suugaanta Soomaalidu way taqaannay sheeko-xariirada ka hadlisa xayawaanka ee badiba carruurta maaweelisa; Sheeko usdduuro ah oo aan maansaysnaynna, waa laga hayaa, sida sheekada Arraweelo oo kale. Ha-yeeshee tani waa maanso qaab usduuro ah u taalla. Horraantii toddobaannadii qarnigii labaatanaad ayey soo baxday. Waxay ku soo baxday nin Dalka Suudaan warqad uga soo diray fannaanaddii codka baxsanayd ee (Alle ha u naxariistee) Magool. Sida warku leeyahay, dhiig ayuu warqadda ninkaasi khad uga dhigay. Warqaddii bay Magool tustay Hadraawi. Asagu na tixdan *Dhiig ma lagu Qoray* buu ka curiyey. Waa tix u dhigan qaab ah sheeko aan waaqica ka dhicin oo aad u qurux badan.

Jacayl dhiig ma lagu qoray?
Weli dhuux ma loo shubay?
Qofna saanta dhabarkiyo
Ma u dheegey feedhaha?
Dhabannada cad laga jaray
Hadalkii ma lagu dhigay?
Xinjir aan is dhalan rogin
Midabkeedu dhiin yahay
Laga dhuray halbowlaha
Weli dhiil ma lagu shubay?
Laba mays dhansiiyeen

Sida dhayda xoolaha
Dhag dhag maw wadaageen?
Weli laba is dhaarsaday
Beryo dhacan nasiib iyo
Dhul ku kala cillaalaa
Subax dharabku kowsadey
Dhedaduna cuddoon tahay
Cidla aan dhir mooyee
Wax dhaqaaqayaa jirin
Jabaq maysku dhaadeen?.
Kulankii dhabta ahaa
Riyo dhiifi keentiyo
Dhalanteed ma moodeen?
Sida ay dhadhabayaan
Dhawr jeer ma seleleen?
Af dhabaan dhab jamashada
Ma ka dhoofay hadalkii
Bal dhaqaaq na kay tahay
Dhihidii ma waayeen?
Ma ka dhabaqday xaajadu?
Ilma dhalatay xiisuhu
Sida dhibic mahiigaan
Ma ka qubatay dhaayaha
Ma ku qoyey dharkoodii
Naxariis ma dhidideen
Iyagoo dhanqalankii
Dheel dheelli mooyee
Dhegna aanay kaga jirin
Kolba erey dhex roorkiyo
Dhumucdii ka maqantahay
Dhitinaaye keligii
Ka dib tooban dharaarood
Carrabkiyo dhanxanagii
Dhirindhirid ma ku heleen
Laba guul u dhalatoo
Isu dhiganta weeyee

Dabadeed dhabeeshii
Hanadkii ku dheeraa
Dhudi mays bariidsheen
Dhubbad qaadka sheekada
Qofba dhagarta caashaqa
Wixii dhaaxo soo maray
Ma dhex galay kalkiisii
Ma akhriyey dhambaalkii
Warka maysu dhiibeen.
Kalgacayl dhito ahaa
Dhamac iyo dab huriyeen
Dhuxuliyo ladh soo kacay
Hadba dhoon ma buuxsheen
Kolba dhacan ma jiideen
Dhacdadiyo u jeeddada
Qofba dhaadashada guud
Qofka kale dhankiisii
Inaan looga soo dhicin
Ma ku dhaabadeeyeen
Sannad mays dhegeysteen
Ma dhalaalay waagii
Dhag ma tidhi cadceedii
Intay soo dhaqaaqeen
Iyagoon ka dheeraan
Dhaqankiyo xishoodkii
Dhaymana u jeel qaba
Iyadoo dhexdoodii
Dhulka suxul banaan yahay
Dhibta maysla taageen
Wax intaa ka sii dhow
Ma ku dhiirran waayeen
Dhayal laysu taabtiyo
Dhallinyaro habkeedii
Ma ka dhega adaygeen
Dhadhansiga miliilica
Isha mayska dhawreen

Dhabbaday is taageen
Qofba dhaabaddiisii
Sara joog dhankiisii
Kun habeen ma dherernaa
Dhudhummada aboorkii
Dhulka hoose kaga baxay
Dhilashada jidhkoodii
Ma dhanbalay sartii guud
Ma dhammeeyey hilibkii
Xidididada ma dhaawacay
Ma u dhaafay seedaha
Lafta hoose maw dhacay
Dhiilluu ku geliyaa
Ama waad dhalliishaa
Dhagartiyo wedkaagee
Dhimashada kal iyo laab
Ma ku soo dhaweeyeen
Dhoollaha ma ka qosleen
Ubax dheelka subaxdii
Naxariis ku dhaashtoo
Afka dhiin cas mariyoo
Dhaddigiyo labkiisii
Laba dhude isugu maran
Ma is dhaafsadeenoo
Dhaxal maysu siiyeen
Dhuuni kawlka caashaqa
Maysu sii dhadhamiyeen
Ereygii dhinnaa hadal
Dhegta maysu saareen
Dhafan dhaaf aboorkii
Ma dhufsaday cammuudii
Ma u qaatay dhoobada
Dhab-dhabkiyo kabkabidii
Labadaba ma dhalan rogey
Dhismo kale ma soo baxay
Ma ka dhigay wax yaabliyo

Dudun dherer ku caanoo
Dhumuc iyo laxaad weyn
Dhalan dhoolka maantii
Dadku dhacarta jiilaal
Ma dhasaday dharaartii
Ma ka dheelmay galabtii
Iyadoon la dhaadayn
Sheekada dhabteediyo
Dhabar weyntan hooska leh
In dhexdeeda laba ruux
Runta kaga dhur sugayaan
Haddaan laysu dhimanayn
Nafta laysu dhiibayn
Ama dhaxal tis qaadiyo
Dhismo aqal la taagiyo
Ubad iyo dhaqaaliyo
Dhaqan reer la kala sugin
Dhunkashiyo u jeedadu
Tahay dhaayo guudkood
Waabay la dhabaqsado
Dhereg iyo markaas qudha
Ama sida dhurwaayada
Hilbo gabadh dheg roonoo
Higlo loogu dhuuntoo
Dhakhso loogu kala baxo
Ninba waxa dhabbacashada
Dabinkiisa ugu dhaca
Dhidar iyo xabaashii
Sharaf lagu dhabcaaliyo
Dhawrsooni laga tegey
Dhalanteedka beenta ah
Bulshadaa u dhaawacan
Hab jacayl u dhaqan galo
Ma holladay ka ugu dheer
Maamuusna ugu dhow
Mise weli wax baa dhiman!

FURTHER READING

Maxamed Ibraahim Warsame 'Hadraawi', *Hal-Karaan*. Kleppe, Norway: Den Norske Somaliakomiteen, 1993.

Other translated poems of Hadraawi

"Hooyo" translated as "Mother" by Martin Orwin, in Jama Musse Jama (edited by), *Essays in Honour of Muuse Ismaaciil Galaal*, Iswaydaarsi Series, II. Ponte Invisibile, Pisa, 2011

"Hooyo" second translation by Rhoda Rage, accessible from www.redsea-online.com

ISWAYDAARSI (EXCHANGE) SERIES

1. *Beerta xayawaanka / Animal Farm*
George Orwell (translated by Maxamed Yuusuf Cartan), 2011.

2. *Essays in honour of Muuse Ismaaciil Galaal*
Edited by Jama Musse Jama, Preface by I M Lewis, 2011.

3. *Anton Chekhov - Sheekooyin la soo xulay (Selected short stories)*
Translated by Siciid Jaamac Xuseen with the help of Rashiid Sheekh Cabdillaahi "Gadhwayne" and Maxamed Xasan "Alto", 2011.

4. *Soomaali been ma Maahmaahdo - Somalis do not lie in proverbs*
Georgi Kapchits, 2012.

5. *Maxamed Xaashi Dhamac "Gaarriye"- Biography and Poems*
Edited by Jama Musse Jama, 2012.

6. *Amiirkii farxadda ku jirey iyo Afar sheeko oo kale (The Happy Prince and other four stories)*
Waxa turjumay / *Translated by*: Rashid Sheekh Abdillahi Ahmed and Mohamed Hassan Ali "Alto", 2012.

7. *Maxamed Ibraahin Warsame "Hadraawi" – The man and the poet*
Edited by Jama Musse Jama, 2013.